职业教育汽车类专业理实一体化教材
职业教育改革创新教材

汽车改装技术

第 2 版

主　编　李吉海　苏晓楠
副主编　王丽霞　宋宛泽
参　编　韩　亮　姚天橹　毕　然
　　　　李猷可　于天宝　朱　宏

机械工业出版社

本书主要介绍了汽车改装技术的相关知识，主要内容包括汽车改装技术概述、汽车外观及内饰改装、汽车越野性能改装、汽车发动机改装、汽车底盘改装、汽车电气系统改装和汽车改装案例，从汽车外观与内饰、发动机及底盘等方面详细地讲解了汽车的改装技术，通过实际的改装案例并结合大量图片，帮助读者快速地掌握汽车各部分的改装步骤及技巧。

本书可以作为职业院校汽车造型与改装技术专业的教学用书，也可以作为汽车改装技术人员和广大汽车改装爱好者的参考书。

图书在版编目（CIP）数据

汽车改装技术/李吉海，苏晓楠主编．—2 版．—北京：机械工业出版社，2023.2（2025.1 重印）

职业教育汽车类专业理实一体化教材　职业教育改革创新教材

ISBN 978-7-111-71992-2

Ⅰ. ①汽…　Ⅱ. ①李…②苏…　Ⅲ. ①汽车改造-高等职业教育-教材　Ⅳ. ①U472

中国版本图书馆 CIP 数据核字（2022）第 207431 号

机械工业出版社（北京市百万庄大街 22 号　邮政编码 100037）

策划编辑：于志伟　　　　责任编辑：于志伟　张双国

责任校对：郑　婕　王明欣　封面设计：鞠　杨

责任印制：刘　媛

涿州市般润文化传播有限公司印刷

2025 年 1 月第 2 版第 4 次印刷

184mm×260mm・11 印张・305 千字

标准书号：ISBN 978-7-111-71992-2

定价：49.00 元

电话服务　　　　　　　　　　　网络服务

客服电话：010-88361066　　　　机　工　官　网：www.cmpbook.com

　　　　　010-88379833　　　　机　工　官　博：weibo.com/cmp1952

　　　　　010-68326294　　　　金　书　　　网：www.golden-book.com

封底无防伪标均为盗版　　　　　机工教育服务网：www.cmpedu.com

第 2 版前言

近几年，我国汽车产业高速发展，形成了多品种、全系列的各类整车和零部件生产及配套体系，产业集中度不断提高，产品技术水平明显提升，目前我国已经成为汽车生产大国。随着汽车行业的飞速发展，人民生活水平的不断提高，汽车行业已经带动很多延伸行业的兴起。其中，汽车改装业是最被汽车爱好者喜欢并看好的行业。人们在享受汽车带来的快速与便利之后，开始追求时尚与品位，寻求汽车带来的更多乐趣。

由于我国汽车改装行业起步较晚，发展比较缓慢，因此汽车改装的整体技术水平与发达国家有着较大的差距。虽然汽车改装受到越来越多车主的认同，但是目前适合车主自己改装操作或从事汽车改装行业所需要的参考书籍相对较少，因此，编者组织有多年从业及教学经验的人员，根据汽车改装技术发展趋势，结合我国汽车改装专业领域技能型紧缺人才需求的实际情况，编写了本书。

全书共七个项目，从汽车改装实际需要出发，通过大量的图片和实际改装案例，循序渐进地介绍了每一个任务实施的具体方法和注意事项，以完成任务的操作步骤为主线，充分调动读者自主学习和实践的积极性。

本书由李吉海、苏晓楠担任主编，王丽霞、宋宛泽担任副主编，韩亮、姚天橹、毕然、李猷可、于天宝、朱宏参与编写。在本书编写过程中，编者参考了相关著作和文献资料，在此向有关作者表示真诚的感谢。

由于编者经验和学识有限，书中内容难免有错漏之处，敬请读者批评指正。

编　者

二维码清单

名称	图形	名称	图形
中控门换电机		汽车内饰拆装	
内饰门板拆卸		地板改装	
拆卸座椅		改装 360°影像	
更换电动后尾门		汽车踏板改装	
铺贴减振板、隔声棉		汽车顶篷包覆	

目　录

第 2 版前言

二维码清单

项目一　汽车改装技术概述 ·· 1
任务一　汽车改装基础知识的总体认知 ·· 1
任务二　汽车改装合同基本知识的认知 ·· 14
任务三　汽车改装检验相关文件的认知 ·· 17
任务四　汽车改装质量评定 ·· 19

项目二　汽车外观及内饰改装 ··· 26
任务一　汽车外饰的改装 ·· 26
任务二　汽车内饰的改装 ·· 43

项目三　汽车越野性能改装 ·· 55
任务一　越野车防护杠与车顶灯的改装 ·· 55
任务二　越野车防滚架及轮胎的改装 ··· 62
任务三　越野车绞盘的加装 ·· 67

项目四　汽车发动机改装 ··· 74
任务一　发动机改装概述 ·· 74
任务二　曲柄连杆机构的改装 ·· 77
任务三　配气机构的改装 ·· 80
任务四　燃油供给系统的改装 ·· 82
任务五　进气系统与排气系统的改装 ··· 89
任务六　点火系统的改装 ·· 99

项目五　汽车底盘改装 ·· 105
任务一　传动系统的改装 ·· 105
任务二　行驶系统的改装 ·· 113
任务三　制动系统的改装 ·· 119
任务四　底盘保护的改装 ·· 124

项目六　汽车电气系统改装 …………………………………………………………… 129

　　任务一　灯光系统的改装 ………………………………………………………… 129
　　任务二　音响的改装 ……………………………………………………………… 137
　　任务三　安全装置的加装 ………………………………………………………… 143

项目七　汽车改装案例 …………………………………………………………………… 159

　　案例一　房车改装 ………………………………………………………………… 159
　　案例二　04 款宝来轿车改装 ……………………………………………………… 161
　　案例三　雷克萨斯 IS200 旅行版轿车改装 ……………………………………… 164
　　案例四　本田雅阁 6 代轿车改装 ………………………………………………… 165

参考文献 …………………………………………………………………………………… 169

项目一　汽车改装技术概述

目标与要求

通过完成本任务的学习，应达成以下目标及要求：
1. 掌握汽车改装外观质量评定标准。
2. 掌握汽车改装车身质量评定标准。
3. 掌握汽车改装性能质量评定标准。
4. 了解汽车改装的定义及分类。
5. 了解汽车改装的误区。
6. 了解汽车改装配件的选购方法。
7. 了解汽车改装的法律与法规。
8. 了解汽车改装合同的有关知识。
9. 了解汽车改装的权利和义务。

任务一　汽车改装基础知识的总体认知

任务导入

现有一位私家车主，因喜欢汽车改装便购买了一辆改装潜力很大的高尔夫 GTI 轿车，并计划对自己的爱车进行一番改装升级，但是不知道对自己的爱车应该如何进行改装。你能给他介绍一下关于汽车改装的基本知识吗？

知识准备

一、汽车改装的定义与分类

1. 汽车改装的定义

汽车改装（Car Modification）是指根据汽车车主需要，将汽车制造厂家生产的原形车进行外部造型、内部造型以及机械性能的改动，主要包括车身改装和动力改装两种。

"改装"是指改变原来的结构，"汽车改装"是指对机动车已经登记的结构、构造、特征等进行改变。"结构"是指各个组成部分的搭配和排列，"构造"是指各个组成部分的安排、组织和相互关系，"特征"是指可以作为事物特点的征象、标志等。"机动车登记的结构、构造和特征"主要是指机动车在注册时的相关数据、技术资料和外观特征。机动车注册登记时的相关数据、技术资料是指车辆型号、车辆品牌、外扩尺寸、车长、车宽、车高、轴数、轴距、轮距、车身颜色、总质量、载质量、整备质量、乘坐人数、轮胎规格、载货汽车的钢板弹簧数量、货厢高度、燃料种类、发动机排量、功率、转向方式、最高车速、接近角、离去角、前悬、后悬等；外观特征是指机动车公告和机动车行驶证中照片记载的特征。

2. 汽车改装的分类

(1) 外观改装 一般的外观改装包括前后杠、大包围、高尾翼、开孔发动机盖、HID 氙气前照灯、前照灯装饰板、贴纸等。最常见的是大包围和尾翼，大包围可改善气流对车身稳定性的影响，但目前国内市场上的大包围大多不具备这种功能，装饰性大过实用性，主要是为了美观；尾翼一般分单层和双层两种，还可分为手动调校型和液压自动调校型两种，液压自动调校型可根据车速自动调整角度。

汽车内饰改装难度比外观大一些，可以是针对动力改装、底盘改装等一系列改装后的匹配改装；汽车经过改装后动力大增，轿车蜕变为赛车，因此有必要安装桶式赛车座椅、赛车变速杆头以及相应的仪表等。

(2) 动力改装 动力改装主要包括简单改装、中度改装和深度改装。

1) 简单改装。改装大流量空气滤清器、加装二次进气系统，能使车辆的进气更流畅；加装地线、改用专业的火花塞和火线能让发动机的点火更加稳定。发动机上的空气过滤器的作用是过滤发动机运转所需要的空气，在汽油发动机上都有此装置，在有些汽车改装爱好者看来，原车所安装的空气过滤器导致进气量不足，所以有必要改装进气系统（俗称冬菇头）。

2) 中度改装。中度改装一般是改排气系统。一些车迷喜欢自己去掉消声器、加装直通尾喉，虽然能让汽车"轰轰"作响，但对于车辆动力的提高并不大。实际上，内行的改车者会找专业的改装店设计改装整套排气机构，因为头段、中段、尾喉全部进行改装才能达到最佳效果。

3) 深度改装。深度改装不但费用高，改装的难度和风险也比较大。对发动机机械结构方面的深度改装包括加大发动机缸径与行程、气缸内部抛光、节气门抛光、更换锻造的活塞与连杆等；对于电控方面，则可能改装行车电控单元，加装各种电子辅助装置。极端的动力改装是为车辆加装涡轮增压系统，这需要花费数万元甚至几十万元，并对全车动"大手术"，可以使车辆的动力性有质的飞跃，这种"手术"需要由改装专家进行。

(3) 操控性改装

1) 轮胎。改轮胎是最简单有效的方式，轮胎的改装包括加宽、降低扁平比以及胎质的改变。成功的轮胎改装可以明显地提高车辆的抓地性、操控性和路感，并能提高车身的稳定性、降低侧倾等。

2) 悬架。悬架系统原厂设计的标准是以大众消费者能接受为目标。悬架系统的改装大致可分为换装减振器、强化悬架结构杆、加装平衡杆等。

3) 制动系统。提升制动性能最快、最直接的方法就是换上高性能的制动片，或者换用高等级制动油、换装金属材质的高压制动片油管。更完善的制动片改装是换装更大的制动盘，改用专业的运动制动片卡钳等，以提高制动片踏板的辅助推力。

4) 提高车架刚度。提高车架刚度可以减少激烈动作时车身的结构变形，从而提高车辆的操控性和安全性。提高车架刚度包括强化车架部分结构，加装前、后防倾杆等，提高车架刚度对于保障安全非常重要。

二、汽车改装的相关法规与规定

1. 汽车改装的相关规定

(1) 总体规定 目前，我国改装汽车一般有两种情况：一是专门生产改装汽车的厂家，用国家鉴定合格的发动机、底盘或总成，重新设计、改装与原车型不同的汽车；二是已领有牌照的汽车，为了某种使用目的，在原车总成的基础上做一些技术改造。改装后的汽车，统称为改装车。已领牌照的汽车进行改装前，应向车管所登记申报，其改装技术报告经车管所审查同意后，方可进行改装。改装完毕，需要到车管所办理改装变更手续。改变车辆的外观要去车辆管理部门申请，及时变更行驶证，这样改装车辆才能合法行驶。外观改装需符合相关法规，动力系统不可以随便改装。汽车改装是有一定限制的，随意改装很可能通不过年检，所以改装汽车一定要在符合相关法规的前提下进行。当前，交管部门对汽车改装的限制要求依然比较严格，汽车排量等涉及汽车技术参数部分绝对不能私自改装。法律法规对改装汽车作出了以下规定：汽车的型号、发动机型号、车架号不能改，不能破坏车身结构；汽车改变颜色，更换发动机、车身或者车架的，必须交验汽车，更换发动机、车身或者车架的还要提交机动车安全技术检验合格证明；车贴面积不能超过车身总面积的30%，超过的必须去相关部门报批；车的外观不能大幅改动，要求与行驶证上的照片基本保持一致。具体的要求如下：

1）可以对车身颜色、发动机、燃料种类、车架号码等进行改装，但有3种颜色属于特种车专用颜色，不能使用：红色为消防专用，黄色为工程抢险专用，上白下蓝为国家行政执法专用。对车身、车架、发动机的变更，要在已经损坏无法修复或者存在质量问题的前提下才能够进行。申请变更时，须同时出具修理厂的证明及更换发动机、车身或者车架的来历凭证。

2）更换前保险杠属于改变汽车外形，经过审批后是可行的，但对升高底盘等提升汽车越野性能的改装是不允许的。

3）加宽轮胎、进气系统、排气系统等改装是不允许的。根据公安部《机动车登记规定》有关规定，在用汽车的轮胎规格、进气系统、排气系统都是国家不允许变更的项目。如果在用汽车进行上述改装，可能会改变发动机功率，影响行车安全，对进行非法改装的机动车所有人，将依法处以500~1000元的罚款并责令其恢复原状。

4）申请变更所需要提交的材料及手续：填写机动车变更登记申请表，然后提交机动车所有人及驾驶人身份证明和机动车登记证书、机动车行驶证、申请办理变更登记机动车的标准照片。

2019年9月公安部发布的（GA 801—2019）《机动车查验工作规程》扩大了汽车改装范围。进气格栅、保险杠可更换，但不得改变车身长、宽数据；可改造车顶行李架，但高度不得超过30cm；可以更换轮毂花样，但不得改变轮胎规格；可改造脚踏板，但要求单侧不能超过车身外50mm。

(2) 内饰装饰方面的相关原则　内饰装饰方面应该遵循以下原则。

1）协调：饰品颜色必须和汽车的颜色相协调，不可盲目追求高品位、高价位，以免弄巧成拙，例如浅色车辆的内部配以深色的座套及红色的地毯等。

2）实用：根据车内空间的大小，尽可能地选用一些能充分体现车主个性、美观实用的饰物，如茶杯架、香水瓶和储物盒等。

3）整洁：车内饰品应做到干净、卫生、摆放有序，给人一种轻松、舒适的感觉。

4）安全：车内饰品绝不能有碍驾驶人的安全行车或乘员的安全，如车内顶部吊物不宜过长、过大、过重，后风窗玻璃上的饰物不要影响倒车视线等。

5）舒适：车内饰品的色彩和质感要符合车主的审美，香水要清新，不宜太浓等。

(3) 外观方面的相关规定　《机动车登记规定》中关于汽车外观等变更的有关规定如下：

1）第十六条——已注册登记的机动车有下列情形之一的，机动车所有人应当向登记地车辆管理所申请变更登记：改变车身颜色的；更换发动机的；更换车身或者车架的；因质量问题更换整车的；机动车登记的使用性质改变的；机动车所有人的住所迁出、迁入车辆管理所辖区域的。

2）第二十一条——有下列情形之一的，不予办理变更登记：改变机动车的品牌、型号和发动机型号（但经国务院机动车产品主管部门许可选装的发动机除外）；改变已登记的机动车外形和有关技术数据的（但法律、法规和国家强制性标准另有规定的除外）；属于第十五条第一项、第七项、第八项、第九项规定情形的。

3）第二十二条——有下列情形之一，在不影响安全和识别号牌的情况下，机动车所有人不需要办理变更登记：增加机动车车内装饰；小型、微型载客汽车加装出入口踏步件；货运机动车加装防风罩、散热器、工具箱、备胎架等。

4）第四十一条——已注册登记的机动车有下列情形之一的，车辆管理所应当公告机动车登记证书、号牌、行驶证作废：达到国家强制报废标准，机动车所有人逾期不办理注销登记的；机动车登记被依法撤销后，未收缴机动车登记证书、号牌、行驶证的；达到国家强制报废标准的机动车被依法收缴并强制报废的；机动车所有人办理注销登记时未交回机动车登记证书、号牌、行驶证的。

2. 改装车的手续

变更车辆要申报。在交通法里，改装和变更是两个概念。汽车行业里通常说的改装在交通法里的表述是车辆变更。

(1) 申请变更车身颜色、更换车身或者车架　如果要申请改变机动车车身颜色、更换车身或者车架，车主可到车管所填写机动车变更登记申请表，提交法定证明、凭证。法定证明和凭证包括：变更前和变更后机动车所有人的身份证明；机动车登记证书；行驶证；共同所有的公证证明，但属于夫妻双方共同所有的，可提供居民户口簿。车管所将在受理之日起 1 日内作出准予或者不予变更的决定。对于同意变更的，车主应当在变更后 10 天内向车管所交验车辆。车管所在受理之日起 1 日内确认机动车，收回原行驶证，重新核发行驶证。属于更换车身或者车架的，还应当核对车辆识别代号（车架号码）的拓印膜，收存车身或者车架的来历凭证。

(2) 更换发动机　更换了发动机的车主应该在变更后 10 天内向车管所申请变更登记，填写机动车变更登记申请表，提交法定证明、凭证，并交验机动车。车管所应在受理之日起 1 日内确认机动车，收回原行驶证，重新核发行驶证，收存发动机的来历凭证。

3. 改装车年检的办理

汽车改装要在国家规定的范围内进行，要按照要求到车管所进行变更登记和核发新的行驶证，这样才能够顺利通过年检。

《道路交通安全法》明确规定，任何单位或者个人不得拼装机动车或者擅自改变机动车已登记的结构、构造或者特征。车辆的结构包括车身颜色、长、宽、高 4 个硬性的标准和发动机的相关技术参数。

已领牌照的汽车进行改装前，应向车管所登记申报，其改装技术报告经车管所审查同意后，方可进行改装。改装完毕，需要到车管所办理改装变更手续。汽车的变更内容包括改变车身颜色、更换发动机、更换车身或者车架。车主可以在变更后 10 日内直接去车管所办理变更登记。车管所在受理当日为车主办理相关手续，包括在机动车登记证书上签注变更事项，收回原行驶证，核发新行驶证等。

三、汽车改装文化与发展现状

1. 汽车改装文化

汽车改装文化源于赛车运动，图 1-1 所示为 WRC 大众车队改装赛车。最早的汽车改装只针对于提高赛车的性能，以便在比赛中取得好成绩。赛车改装是让车辆发挥极限或超出原车能力范围进行的改装，以车辆的使用寿命、油耗、舒适性为代价，追求速度极限。随着汽

图 1-1　WRC 大众车队改装赛车

车工业的发展以及赛车运动的深入人心，汽车改装也成为普通车迷生活中不可或缺的组成部分，并渐渐成为一种时尚潮流。

真正的改装是围绕着"提高汽车的性能、操控等内在技术指标"这个核心进行的。世界各大著名汽车厂商相继推出了它们的专业改装厂和改装品牌，如欧洲著名轿车改装公司有专门为奔驰改装的 AMG、BRABUS，为宝马改装的 ACSCHNITZER，为大众公司旗下的大众汽车和奥迪汽车改装的 ABT；日系车的专业改装公司也有很多，如为丰田改装的 TOM'S 和 TRD，为本田改装的 MUGEN、HRC，为日产改装的 NISMO（图 1-2 所示为日产 GTR 改装车），为富士改装的 STI（图 1-3 所示为斯巴鲁翼豹 STI 改装车）和 TEIN，为三菱改装的 RALLLART 等。

图 1-2　日产 GTR 改装车

图 1-3　斯巴鲁翼豹 STI 改装车

各国每年都有专门的改装车和相关零部件的展览会，规模毫不逊色于正规的原型车展示会。全世界规模最大、名气最响的改装车展分别是美国的 SEMA SHOW 和日本的东京改装车展（图 1-4 所示为丰田锐志改装车）。作为亚洲汽车改装技术的发达国家，日本拥有最先进的机械及电控技术，改装后的汽车具有很高的实用性和可靠性。在德国的埃森每年会举行一次盛大的国际汽车改装车展。

2. 国内外汽车改装发展现状与趋势

中国汽车改装行业与国外相比起步时间较晚，按照发展速度与改装内容可将我国汽车改装市场发展历程划分为三个发展阶段，即起步阶段（1997—2007年）、加速发展阶段（2008—2017年）、政策助推行业发展阶段（2018年至今）。中国汽车改装行业经过多年的发展，从小众逐渐走向大众，从单一发展成多元，越来越受到大众的认可与青睐。汽车改装行业将会得到进一步地发展，市场规模有望进一步扩大，2025年中国汽车改装市场规模有望突破 2000 亿元。

图 1-4　丰田锐志改装车

世界各大著名汽车厂商都拥有专业改装厂和改装品牌，各国对汽车改装都有明确的细则标准。在全球很多国家，只要具备改装条件就可申请注册汽车改装工厂，有了营业执照就可以按批准项目合法地进行汽车改装。有数据显示，目前发达国家私人汽车的改装率已达到 80%。汽车厂商一有新车下线，便会随之产生一系列改装方法和相应配件。与之相比，尽管中国汽车改装需求规模在激增，投资规模递增幅度超过 20%，但目前改装车总比例还不到汽车保有量的 3%。除了规模，中国汽车改装市场的发展阶段也较低，国外汽车运动中的改装服务已成为汽车工业技术创新的发展平台。图 1-5 所示为 BBS 轮圈，图 1-6 所示为布雷博制动盘。

图1-5　BBS轮圈

图1-6　布雷博制动盘

在欧美各国及日本，改装车市场的发展一直伴随着汽车产业的发展，无论是法律制度，还是改装车技术水平、人才素质，都已发展至成熟阶段。

3. 汽车改装的禁忌与误区

许多车主为了追求个性而改装车辆，但由于缺乏相关知识，容易走入以下禁忌与误区。

1）改大排气。降低了排气回压，低扭会下降，发动机排气门将会因为超高温度而被烧毁。

2）装"蘑菇头"。降低了入气惯性，低扭会下降，油耗升高，低速无力。

3）加平衡杆、横拉杆。局部振动更剧烈，会永久性破坏车体。

4）改装音响、加低音炮。这必定要拆内饰件，会导致车内不同程度的损害，车内部件拆一次异响会多几倍。低音炮夸张的音量会不知不觉中损害车主听觉，大功率音响经常使得电路超负荷工作，容易烧毁开关，引起火灾。

5）改大轮胎。易造成起步无力，加速变慢，转向盘活动机构磨损加速。

6）车内门板等隔声。隔声只能是车辆生产过程才能完成的事，不能再乱动，而且消音原理复杂，不是贴了就有效果。

7）改前照灯。加装厚的前照灯，其功率会直接超过原设计的耐温值，不久就会熔化烧毁灯碗反光层，灯光越来越暗淡。现在的前照灯透明罩都是合成材料，超过温度就会变黄，并慢慢产生一条条的小裂纹，灯泡电流大了会慢慢烧毁前照灯开关电路，引起火灾。

8）大包围。超级跑车式的离地间隙只适合在超级公路上行驶，大多数非原厂大包围不但显得不伦不类，还会对驾驶人的生命安全产生极大的危害。

9）碳纤维发动机舱盖。这是最危险的改装，原厂的发动机舱盖在碰撞的时候可以分阶段变形弯曲起来，而改装件会直接插进前风窗玻璃。

10）换赛车转向盘。原车转向盘中会配有安全气囊，一旦发生碰撞能对人体起到保护作用，而后更换的转向盘有的没有安全气囊，具有较大的行车安全隐患。

11）加装刮水片。驾驶人的视线关系到安全，加了刮水片会使得盲区变大。

12）换计算机芯片。一般只是解除了电子限速保护，仅仅是功率提升了，不能使动力得到提高。

13）换铂金火花塞。更换新的火花塞后，发动机的动力肯定会有改善，这是因为没被污染的新火花塞的绝缘良好。

14）换用贵的配件。一些人在进行改装时一味求贵，认为"便宜无好货"。其实，配件应该根据车辆自身的实际情况来选择。

15）一味追求视觉效果。有的车主为了爱车好看而盲目加装尾翼、大口径排气管等。这对于

项目一 汽车改装技术概述

小排量车辆是没有太大意义的。有的车主拆掉保险杠,换上装饰用的配件,一旦发生碰撞,人和车辆都有可能因缺少保险杠的保护而受到严重的伤害。

4. 汽车改装与拼装汽车的区别

汽车改装位于汽车后市场,属于消费范畴,是对生活质量的优化行为,改装后的产品属于消费品。拼装汽车是指使用报废汽车的发动机、万向传动装置、变速器、前后桥、车架以及其他零配件组装的机动车,是违反国家关于生产汽车方面的有关规定、私自拼凑零部件装配的汽车。拼装的汽车一般都存在质量差、成本高、不符合安全检验以及运行技术标准的问题,有的还可能因装配技术问题造成事故。拼装汽车是国家禁止的一种非法生产汽车的行为。

5. 汽车改装配件的鉴别

汽车改装配件大多数是正品(俗称行货),若改装内容涉及汽车性能的升级,则选用正品配件比较好。如果在一些小配件商店购买散件,则配件质量参差不齐,要防止"水货"及假冒伪劣配件。掌握一些鉴别优劣汽车配件产品的知识,对改装汽车的人来说十分必要。改装配件的鉴别方法如下。

1)看注册:正规的产品在网上能够注册,输入产品上的条形码、二维码等信息,就可得到厂家的认可,而假冒产品是不能网上注册的。

2)看证件:重要的改装部件,特别是总成类,如电动油泵、起动机、发电机等,一般带有合格证和说明书,若无合格证和说明书则为假冒、伪劣产品。

3)看规格:选购汽车配件时,要看主要技术参数是否符合使用要求。有的假冒、伪劣产品外观与真货相差无几,但装配后会给行车安全带来隐患。

4)看颜色:原厂(正品)配件表面会指定某种颜色,若出现其他颜色则为假冒、伪劣配件。

5)看包装:原厂(正品)配件包装规范,均有统一标准规格,字迹清晰;假冒产品包装印刷则比较粗劣。

6)看外表:原厂(正品)配件外表印字、铸字及标记清晰正规;假冒产品则外观粗糙。

7)看质地:原厂(正品)配件的材料按设计要求采用优质的材料,假冒产品则多是采用廉价、低劣材料。

8)看标识:正品部件标有某些记号(正时齿轮、活塞顶部等装配标记),用来保证机件正确安装,没有标记的部件则为假冒产品,不能购买。

9)看油漆:不法商户将废旧配件经简单加工(拆、装、拼、凑、刷漆)处理,再冒充合格产品出售。这样制作出来的配件,外表喷漆粗劣。

10)看工艺:伪劣产品由于制作工艺差,容易出现裂纹、砂孔、夹渣和毛刺等。

11)看缺漏:正规的总成部件齐全完好,能保证顺利装车和正常运行,若出现总成上的个别小零件漏装的情况,则一般是伪劣产品,这会给装车造成困难,严重的会因为缺少小配件而造成整个总成部件报废。

12)看价格:原厂件与副厂件、行货与水货、正品与仿冒产品,在价格上有明显的差距。副厂指的是一些规模小的企业,它生产的产品质量一般比较低,工艺比较粗糙,但是价格较低。

13)看防护层:为了方便保管,防止零件磕碰,零件出厂之前都有防护层,如大小轴瓦、活塞、气门等一般都用石蜡保护,以免部件损坏。重要的配件,表面若无保护层,则多为假冒产品。

14)看其他:汽车配件出现干裂、氧化、变色或老化等问题,可能是存放环境差、储存时间长、材料本身差等原因造成的。如果发生离合器片铆钉松脱、电器零件插头脱焊、纸质滤芯接缝处脱开等现象,则不能购买。

6. 专用汽车改装与民用汽车改装的区别

专用汽车改装是从生产方式出发,在通用性载货汽车底盘的基础上,做相应必要的改动后,再加装上装部分（如罐体、货厢等），从而改装出具有专用功能的汽车。

民用汽车改装一般有两种：一是专门生产改装汽车的厂家，用国家鉴定合格的发动机、底盘或总成，重新设计、改装与原车型不同的汽车；二是已领有牌照的汽车，为了某种使用目的，在原车总成的基础上做一些技术改造。

7. 汽车改装方案的制订

对于大多数驾驶人来说，一辆油耗低、整车性能好、安全系数高的汽车无疑是最理想的座驾，这也正是汽车改装的最终目的。汽车改装方案主要有以下内容。

1）发动机室内工程：发动机减振工程和发动机隔声工程。
2）底盘工程：护板内空洞填充、振动喷涂程序、隔声工程和防水工程。
3）车厢仪表：静音填充、减振工程和隔声工程。
4）车底板：静音填充、减振工程和隔声工程。

8. 汽车改装费用

汽车改装是一个非常专业的领域，一是项目繁多，二是价格不透明，贸然进入很可能会花冤枉钱。如果事先对这个行业进行充分的了解，可能达到事半功倍的效果。

1）车漆、拉花、贴纸：普通车漆全车在2000元起，亚光漆各地价格不同。改装车最多的共同点就是拉花、贴纸，花钱不多但是能收到较好的效果。贴纸很多都是通用的，购买方便。贴纸可以根据车主的要求个性定制，周期为1～2天。贴纸价格从简单灯眉的10元到整车的200元、300元不等。

2）车身装饰件：在汽车精品店会有各种各样的汽车装饰件出售，如金属装饰片、排气管罩、灯眉等，可以让爱车更加美观。不过加装车外装饰的原则是不能多和杂，画龙点睛即可。

3）进气系统：最省钱的进气改装就是更换大流量的空气滤清器，可使车辆进气更顺畅，对提升动力有所帮助，开销不大，最低费用为200元左右。

4）点火系统：更换高性能的火花塞是点火系统升级最为直接的方法。更换铂金等贵金属火花塞，点火会更加稳定，对动力性有所提升。最低费用为300元左右，贵则千元左右。

5）制动系统：高档的制动系统改装开销很大，一般需要至少10000元。其实提升制动性能也有省钱的办法，例如更换质量更好的制动片，费用为几百元，制动性能提升很明显。

6）车轮：轮毂尺寸越小价格越便宜，普通颜色比电镀的要便宜，14in（1in=2.54cm）的铝合金改装轮毂200元起，一般不超过600元。

7）空气动力套件（包围）：包围有大包围和小包围之分，材质也有不同。小包围的价格要便宜很多，一套四件套最便宜的为300～400元，贵的约上千元。大包围比小包要贵，而且大包安装通常情况都要把原车的前、后杠卸掉，然后装上新的大包围。

8）车内装饰：车内装视包括赛车座椅、赛车转向盘、各种仪表、软包、隔声、中控、灯光等，座椅从500元起、转向盘从150元起、仪表约100元。

四、汽车改装的品牌及特点

1. 美国改装品牌及特点

世界上改装车最多的是美国，改装车市场最繁荣的也是美国，汽车已经成为美国人生活中不可缺少的伴侣。同样，个性十足的改装车最先得到美国人的青睐。汽车改装在欧美早已发展成熟，并拥有稳定市场。汽车改装在美国不仅是合法的，而且SEMA（Specialty Equipment Market Association）组织已壮大成为拥有3400多家会员的法人团体。美国每年都会不定期举行改装车展览，每次展览都能吸引世界各地的改装车迷前来参观。基于特有的汽车文化、法律规范及交通情况，美国的改装车多为车辆外观和部件的改装，追求外观夸张与豪华的视觉冲击，例如车身加长等。美国还有专门的汽车定制工厂,可以为每一位客户专门制造汽车,按客户要求定制,使汽车的独有性、个性化达到极致。

(1) 泰卡特(Techart)　Techart(又名 Tech8)公司是一家创办于 1986 年的独立汽车改装公司,其标志如图 1-7 所示。同时,它是一家专注改装保时捷汽车的品牌。Techart 原本是一家个性化定制的改装公司,经过 30 多年的发展,逐渐有了自己的机械设计团队,便开始投入进行整车研发。1995 年,Techart 公司获得了对车辆进行独立编制车架号的认证(也就是汽车生产资质)后,开始正式对外宣称自己拥有一个汽车品牌。

图 1-7　泰卡特公司的标志和改装车

(2) 科瑞斯的(KRYSTAL)　KRYSTAL 公司坐落于美国加利福尼亚玻瑞亚市(其标志见图 1-8),是全球最大的礼宾车制造厂,全美第一家完成汽车碰撞测试并获得认证的礼宾车制造厂。KRYSTAL 中文意思为水晶,象征着产品完美的品质和公司执着的追求。自成立以来,KRYSTAL 公司按照汽车制造业的国际标准进行设计,个性化、高附加值的客户服务是公司的核心竞争力,为客户创造安全、舒适的驾驶、乘坐空间是公司的使命。

图 1-8　科瑞斯的公司的标志和改装车

(3) 星客特　星客特公司成立于 1999 年,是美国 STAR 集团在中国境内成立的子公司,其标志如图 1-9 所示。在中国境内,它是 5 家加长豪华礼宾车、豪华礼宾巴士、多功能休闲旅游车等豪华汽车的总代理商,是超级豪华车的改装代表。

图 1-9　星客特公司的标志和改装车

2. 日本改装品牌及特点

作为亚洲改装业的先锋，日本在改装的技术性、可靠性和实用性方面都达到了很高水平，在改装车方面也有很多经典作品，特别是他们的改装车厂，在技术力量和资金积累方面都有不俗的实力。例如 FABULOUS，其改装主要集中在外观、轮毂、排气系统、内饰等方面，而涉足的车型也非常广泛，除了日本的车型，还包括奔驰、宝马和法拉利等车型。

（1）nismo（日产） nismo 实际上不能算是一个改装品牌（图 1-10），因为它是日产公司内部的组织结构演变而成的一个高性能部门。在 nismo 部门成立之前，日产公司其实有两个专门负责高性能的部门，后来在 1984 年这两部门合并组成了一个新的高性能部门，这个部门就是现在的 nismo。

nismo 从正式成立以来，一直担当着日产汽车在赛事运动方面的事务，专门研发赛车和性能车。其中，战神 GTR 就是 nismo 一手打造的汽车传奇。

图 1-10　nismo 公司的标志和改装车

（2）STi（斯巴鲁） STi 是 Subaru Tecnia International 的缩写。STi 是斯巴鲁汽车直属的一个高性能赛车部门，一直为斯巴鲁在汽车拉力赛事业提供服务，其标志如图 1-11 所示。除了赛事外，STi 还参与了提升斯巴鲁乘用车性能的项目，其中最让大家熟悉的便是翼豹 STi。

图 1-11　STi 公司的标志和改装车

（3）TRD TRD 的全称是 Toyota Racing Development，是丰田汽车的专属改装厂，其标志如图 1-12 所示，它为丰田车队的赛车提供性能支持。TRD 将赛车活动中取得的技术反馈运用到普通汽车所用零部件中，为使驾驶更加充满乐趣而不断开发和推出满足道路行驶车辆的安全、标准的零部件（如悬架、消声器、空气整流罩等）。同时，TRD 经销自有品牌的服装、小商品之类，并根据驾驶状态从整体上进行轻灵搭配。

3. 德国改装品牌及特点

在德国，人们喜欢的奔驰绝大多数是来自于改装车厂的产品。奔驰改装车在原车的基础上，进一步强化豪华配置，赋予奔驰汽车更快的速度。专改奔驰的 Brabus（巴博斯）车厂，他们的产品除了传递给车主豪华的感觉外，更有一种豪放的气势。

（1）AMG（奔驰） AMG 公司创立于 1967 年。当时是以调校奔驰发动机而闻名的，积累了很多用户和口碑。后来 AMG 与奔驰公司在 1988 年建立了合作关系，并在 1993 年正式推出首款车型 C63 AMG。1999 年，奔驰公司正式全面收购 AMG，从此 AMG 就成为奔驰的一个高性能部门。AMG 公司的标志如图 1-13 所示。

（2）Alpina（宝马） Alpina（图 1-14）成立于 1965 年，那时候的 Alpina 并非一家汽车改装公司，而是一家电子公司。Alpina 公司最开始是做化油器开发和气缸盖定制的，到了 1970 年，Alpina 公司开始与宝马公司进行合作，并帮助宝马车队获得欧洲锦标赛、德国 Hillclimb 锦标赛、拉力赛和斯帕 24 小时耐力赛冠军。此后宝马公司开始与 Alpina 共同打造高性能的宝马汽车。

图 1-12　TRD 公司的标志

图 1-13　AMG 公司的标志和改装车

图 1-14　Alpina 公司的标志和改装车

（3）ABT Sportsline（奥迪）　ABT Sportsline 公司是在 1960 年创立的，当时叫 ABT Tunning。后来 ABT Tunning 被 Johann Abt 继承，并改名为 ABT Sportsline，开始从事汽车改装事业。ABT 公司基本只改装大众汽车和奥迪汽车，业务包括动力调校，外观套件、悬架和排气改装等。由于 Johann Abt 对改装品质的无比追求和执着，ABT 很快地就从大众汽车众多的改装合作品牌中脱颖而出，成为了大众汽车最强大的改装品牌。ABT 公司的标志如图 1-15 所示。

图 1-15　ABT 公司的标志和改装车

(4) BRABUS　BRABUS 创办于 1977 年，是目前世界上最大、最著名的独立改装品牌。同 AMG 一样，BRABUS 从创办开始就一直专注改装奔驰汽车。值得一提的是，目前世界上最快的轿车、最快的四门轿跑、最快的旅行车和最快的 SUV，均出自 BRABUS 之手。作为一家追求"最顶端体验"的改装品牌，BRABUS 的改装不单单针对动力性能的提升，在外观、内饰和悬架等方面也是不惜成本，力求打造最奢华的座驾。BRABUS 改装的车型售价一般都为原厂的两到三倍。BRABUS 公司的标志如图 1-16 所示。

图 1-16　BRABUS 公司的标志和改装车

(5) HAMANN　HAMANN 成立于 1986 年，创始人是德国著名的赛车手 Richard·Hamann。HAMANN 公司刚开始是一家赛车公司，创始人 Richard·Hamann 利用自己在赛场上的经验和技术，针对一些赛车进行调校、改装。后来公司业务逐渐向外扩展，改装车型开始涉及各种品牌，包括奔驰、宝马、法拉利、兰博基尼和路虎等，改装项目也从原来的动力系统增加到更换动力、制动、排气、外观、内饰等的整车升级方案。HAMANN 公司的标志如图 1-17 所示。

图 1-17　HAMANN 公司的标志和改装车

4. 中国改装品牌及特点

汽车改装目前在中国还属于新兴事物，但是发展迅速。在国内一线城市，已经出现相当规模的改装车展。例如 CAS 上海改装车展，作为国内最专业的汽车改装特展之一已经成功举办 3 届，改装展会的出现对国内改装文化传播、行业内人士交流与学习，提供了非常好的平台。同时各地的赛事活动逐步增多，以车主作为第一体验者的汽车比赛传播了更广范围的汽车知识。各大汽车品牌商通过丰富多彩的试乘试驾活动，有力地引导大众了解汽车、体验汽车文化的魅力。

5. 汽车各系统专项改装品牌

(1) Brembo（布雷博）——顶级制动器厂家　Brembo（布雷博）公司是一家意大利从事高性能制动系统和部件的工程设计、开发和制造的厂商。1975 年，法拉利公司开始在它的 F1 赛车上装备 Brembo 的制动系统，之后阿斯顿·马丁、雪佛兰、玛莎拉蒂和保时捷汽车都开始装备 Brembo 制动系统。Brembo 公司致力于提升系统的性能表现，因此它在研发中投入很大，拥有超过 390 位工程师从事研发领域的工作，并不断寻找更有创新精神的解决方案。

(2) TEIN——专业减振器厂家　TEIN 对于高性能悬架系统的开发全面又积极，针对不同场合、车种都有推出对应款式，给予买家最多级别的选择。

项目一　汽车改装技术概述

（3）FUJITSUBO——日本第一品牌排气管制造厂　FUJITSUBO 自 1931 年创立至今，一直将产品质量放在第一位，努力不懈地制造最高品质的产品。FUJITSUBO 将人、车、社会环境等因素全部融为一体来研究，进行开发并导入人工智慧型系统以制造最顶级排气管制品；坚持绝大部分生产过程中采用手工制作，所以 FUJITSUBO 的排气管与一件手工艺术品没有分别。

（4）ENKEI——日本最大的轮毂制造商　ENKEI 公司是日本众多轮毂制造商中最先有锻造技术的厂家，同时 ENKEI 是日本第一家能够生产一级方程式赛车轮毂的制造商。从 1986 年开始参与一级方程式比赛到现在，ENKEI 轮毂被迈凯轮车队指定选用。另外，ENKEI 也生产 WRC 世界汽车接力锦标赛用的轮圈给三菱车队使用。现在 ENKEI 公司除了是锻造技术先进，也发展轮毂柱的中空技术。

（5）Exedy——日本最大的离合器制造商　Exedy 公司除了制造一般车辆用的离合器外，还制造赛车用的离合器，很多其他品牌的赛车离合器都是他们的产品。

1. 任务描述

请同学们进行市场调研，参考网络数据，写 1 份汽车改装市场的前景调研报告。

2. 任务目的

1）了解汽车改装的市场需求及发展前景。

2）能够撰写条理清晰的调研报告。

3）能积极地参与任务，能与小组成员团结协作。

3. 任务准备

1）知识准备：完成"任务一　汽车改装基础知识的总体认知"的学习。

2）材料准备：提供调研范围及参考资料网站。

4. 任务步骤

1）下发参考资料。

2）学生撰写调研报告，并完成任务工单相应部分内容的填写。

5. 任务评价

序号	评价指标	评价内容	分值	评分标准	得分
1	文体格式	包含"情况、问题、意见"或"情况、经验、启示"3 项	20	酌情扣分	
2	字数	不少于 3000 字	10	酌情扣分	
3	语言逻辑性	语言流畅、精炼、准确；立论鲜明有力，逻辑性强	15	酌情扣分	
4	基本素材	数据真实、准确、翔实，情况全面、具体	15	酌情扣分	
5	问题分析	问题分析或经验总结准确、深刻，能见微知著	20	酌情扣分	
6	意见建议	启示或意见建议应能方便地转化为具体工作举措，易于操作，能较好地指导工作实践	20	酌情扣分	
总分					

任务二 汽车改装合同基本知识的认知

小王想把自己的爱车进行改装，但是不知道如何填写汽车改装合同。你能给他介绍一下关于汽车改装合同的一些基本知识吗？

一、汽车改装合同的形式

汽车改装在我国出现的时间比较短，我国目前还没有关于汽车改装合同内容以及合同当事人权利和义务的要求。因此，参照汽车维修合同的相关内容，草拟了有关汽车改装合同的内容，仅供参考。

我国目前从事汽车改装的企业大多是汽车维修企业，因此为了方便理解，在下述的汽车改装合同中，仍然将承揽人称为承修方，定做人称为托修方。

汽车改装合同的形式有口头合同和书面合同两种。汽车改装合同涉及的金额有大有小，对于数额较大的改装需订立书面的合同，对明确双方当事人的权利和义务有积极的意义。参照《汽车维修合同实施细则》的要求，当签订的汽车合同预算在1000元以上时，应签订书面的汽车改装合同。

汽车改装合同签订后，任何一方不得擅自变更或解除。当事人一方要求变更或解除改装合同时，应及时以书面形式通知对方。因变更或解除合同使一方遭受损失的，除依法可以免除责任的外，应由责任方负责赔偿。托修方按合同规定对竣工车辆进行验收签字后，方能接收车辆。承修方必须按其义务和规定提供有关资料。托修方未按合同规定时间送改车辆和承修方未按合同规定时间交付竣工车辆，应按合同规定支付对方违约金。

二、汽车改装合同的主要内容

汽车改装合同主要包括以下内容：
1）承、托修方的名称。
2）签订日期及地点。
3）合同编号。
4）送改车辆的车种车型、牌照号、发动机型号（编号）、底盘号。
5）改装类别及项目。
6）预计改装费用。
7）质量保证期。
8）送改日期、地点、方式。
9）交车日期、地点、方式。
10）托修方所提供材料的规格、数量、质量及费用结算原则。
11）验收标准和方式。
12）结算方式及期限。
13）违约责任和金额。

14）解决合同纠纷的方式。
15）双方商定的其他条款。

三、汽车改装合同参考文本

托修方（甲方）：＿＿＿＿＿＿＿＿＿＿＿＿＿＿＿＿
承修方（乙方）：＿＿＿＿＿＿＿＿＿＿＿＿＿＿＿＿
根据《中华人民共和国合同法》等法律、法规的规定，甲乙双方在平等、自愿、公平、诚实信用的基础上，就汽车改装事宜达成协议如下：

第一条　改装车辆
1. 车牌号　2. 发动机号　3. 颜色　4. 车型　5. VIN/车架号　6. 行驶公里数

第二条　改装类别与项目
乙方应当对承修车辆进行改装前诊断检验，提出需要改装的类别和项目，填写车辆改装前诊断检验单。甲方确认后在该车辆改装前诊断检验单上签字。

第三条　改装配件材料
1. 乙方提供改装配件材料的，应当如实填写材料清单，分别标明原厂配件、副厂配件或者修复配件，明码标价，并保证质量。
2. 乙方在改装中换下的配件、总成等，交由甲方自行处理。

第四条　改装价格
1. 甲方同意乙方按照公示的工时单价＿＿＿＿＿＿＿元/工时、材料进销差价率＿＿＿＿＿＿＿%进行计价。
2. 结算工时定额执行标准：汽车制造企业提供　□　市交通管理局制订　□。
3. 改装预算费用：＿＿＿＿＿＿＿元，大写：＿＿＿＿＿＿＿＿＿＿＿＿＿＿＿＿。其中：工时费＿＿＿＿＿＿＿元，大写：＿＿＿＿＿＿＿＿＿＿＿＿＿＿＿＿；材料费＿＿＿＿＿＿＿元，大写：＿＿＿＿＿＿＿＿＿＿＿＿＿＿＿＿。
4. 改装费用高于或低于改装预算费用的＿＿＿＿＿＿＿%时，由双方协商解决，否则按照实际发生的改装费用结算。

第五条　车辆交接
乙方接收待改车辆时，甲方应当自行取走车内可移动物品。车上附件、设备等填入车辆改装前诊断检验单的，乙方在竣工交车前对其及承修车辆负有保管责任。

第六条　质量标准
1. 质量标准执行：国家标准　□　行业标准　□　地方标准　□　制造企业维修手册等有关资料的要求　□。
2. 质量保证期按照下列第＿＿＿＿＿＿＿项执行。
1）按照交通运输部《机动车维修管理规定》第三十七条规定执行：整车或总成修理的质量保证期为车辆行驶 XX km 或者 100 日；二级维护的质量保证期为车辆行驶 5000km 或者 30 日；一级维护、小修、专项修理的质量保证期为车辆行驶 XX km 或者 10 日。
2）按照乙方承诺（不低于交通运输部规定）的"车辆行驶＿＿＿＿＿＿＿km 或＿＿＿＿＿＿＿日"执行。
3. 质量保证期，从改装竣工后，由甲方验收取车的当日起计算；因改装质量问题返修的，其返修的作业项目，从返修竣工后，由甲方验收取车的当日起重新计算。行驶里程和日期指标，以先达到者为准。

第七条　竣工验收
1. 竣工交付日期为＿＿＿＿＿年＿＿＿＿＿月＿＿＿＿＿日前，交付地点为＿＿＿＿＿＿＿＿＿＿＿＿＿＿＿＿。

2. 改装竣工质量检验合格的，对二级维护（含）以上的车辆，乙方应当由改装质量检验人员签发机动车改装竣工出厂合格证；对二级维护以下的车辆，乙方应当发给改装合格证明（含结算清单）。乙方未签发或者未发给的，甲方有权拒付费用。

第八条　结算

1. 车辆改装竣工后，乙方应当向甲方出具法定的结算票据，并附当地运输管理处监制的机动车维修结算清单，工时费和材料费应当分项列明。乙方未出具法定结算票据及结算清单的，甲方有权拒付费用。

2. 付款方式：现金　□　转账　□　其他＿＿＿＿＿＿□。

3. 付款期限：＿＿＿＿＿＿＿＿＿＿＿。

1. 任务描述

请同学们进行参考相关资料，制订1份汽车改装车身颜色的合同。

2. 任务目的

1）了解汽车改装合同的基本框架。

2）能制订规范的汽车改装合同。

3）能积极地参与任务，能与小组成员团结协作。

3. 任务准备

1）知识准备：完成"任务二　汽车改装合同基本知识的认知"的学习。

2）材料准备：提供参考资料网站。

4. 任务步骤

1）下发参考资料。

2）学生制订合同，并完成任务工单相应部分内容的填写。

5. 任务评价

序号	评价指标	评价内容	分值	评分标准	得分
1	条款完整	应具备当事人名称、数量、质量、金额等要素	20	酌情扣分	
2	主体适格	合同主体应具备签约、履约的权力能力和行为能力	15	酌情扣分	
3	内容合法	不存在合同无效的情况，符合相关法律和国际条款	15	酌情扣分	
4	权义明确	内容明确、权益保障、权义对等	15	酌情扣分	
5	结构合理	结构完整、条理清晰、格式规范	15	酌情扣分	
6	表述精确	语法正确、语言流畅、用语准确，不存在预验歧义或冲突	20	酌情扣分	
总分					

任务三 汽车改装检验相关文件的认知

小王想把自己的爱车进行改装,但是不知道如何对汽车改装相关文件进行检验。你能告诉小王关于汽车改装检验文件的一些基本知识吗?

一、汽车改装进场验收单

目前,我国还没有出台一个权威性的汽车改装质量验收标准。因此,在当前的形势下,在合同签订时,改装双方应就改装后所达到的质量要求约定一个共同认可的标准作为验收依据。同时,还应明确验收的方式。

为了方便汽车改装承、托修双方制订汽车改装质量验收标准,参照《汽车发动机大修竣工质量评定标准》和《汽车车身大修修理质量检查评定标准》等制订了汽车改装质量验收标准,仅供参考。

1. 评定技术要求

汽车改装进厂检验单应包括下列内容:进厂编号、牌照号、厂牌、车型、托修单位(人)、车辆状态、车身附件清点记录、车身检查记录、检验日期、检验员签字。检验单中字迹应清晰,项目应齐全、完整,填写真实、正确。

2. 检查方法与手段

按照汽车改装进厂检验单上所列内容一一对照查阅。

3. 评定方法

检验单中各项有1处不符合要求,则计1项不合格。

二、汽车改装工艺过程检验单

1. 评定技术要求

汽车改装工艺过程检验单应包括下列内容:进厂编号、厂牌、车型、检验项目、检验结果记录、检验结论、改装办法、改装师签字、检验员签章及日期等。检验单中字迹应清晰,项目应齐全、完整,填写真实、正确。

2. 检查方法与手段

按照汽车改装工艺过程检验单上所列内容一一对照查阅。

3. 评定方法

检验单中各项有1处不符合要求,则计1项不合格。

三、汽车改装竣工检验单

1. 评定技术要求

汽车改装竣工检验单应包括下列内容:进厂编号、厂牌、车型、托修单位(人)、承修单位(人)、检验项目、检验结果记录、检验结论、改装办法、改装师签字、检验员签章及日期等。检验单中字迹应清晰,项目应齐全、完整,填写真实、正确。检验项目、要求、方法、名词术语和计算单位应符合国家、行业有关标准及相关技术文件的有关规定。

2. 检查方法与手段

按照汽车改装竣工检验单上所列内容一一对照查阅。

3. 评定方法

检验单中各项有1处不符合要求，则计1项不合格。

四、汽车改装合格证

目前，我国没有行业主管部门印制并发放的汽车改装合格证，汽车改装承修单位可根据单位实际情况，参照汽车维修合格证制订本单位的汽车改装合格证。

1. 评定技术要求

汽车改装合格证内容应包括下列内容：进厂编号、厂牌、车型、底盘号、改装合同号、出厂日期、承修单位质量检验部门盖章、检验员签章及日期等。检验单中字迹应清晰，项目应齐全、完整，填写真实、正确。名词术语应符合国家、行业有关标准及相关技术文件的有关规定。

2. 检查方法与手段

按照汽车改装合格证上所列内容一一对照查阅。

3. 评定方法

检验单中各项有1处不符合要求，则计1项不合格。

1. 任务描述

请同学们参考网络资料，写1份关于汽车改装检验意义的论文。

2. 任务目的

1）了解汽车改装检验相关内容。

2）能够撰写条理清晰的论文。

3）能积极地参与任务，能与小组成员团结协作。

3. 任务准备

1）知识准备：完成"任务三 汽车改装检验相关文件的认知"的学习。

2）材料准备：提供调研范围及参考资料网站。

4. 任务步骤

1）下发参考资料。

2）学生撰写相关论文，并完成任务工单相应部分内容的填写。

5. 任务评价

序号	评价指标	评价内容	分值	评分标准	得分
1	文体格式	包含"情况、问题、意见"或"情况、经验、启示"3项	20	酌情扣分	
2	字数	不少于3000字	10	酌情扣分	
3	语言逻辑性	语言流畅、精炼、准确；立论鲜明有力，逻辑性强	15	酌情扣分	
4	基本素材	数据真实、准确、翔实，情况全面、具体	15	酌情扣分	
5	问题分析	问题分析或经验总结准确、深刻，能见微知著	20	酌情扣分	
6	意见建议	启示或意见建议应能方便地转化为具体工作举措，易于操作，能较好地指导工作实践	20	酌情扣分	
总分					

任务四　汽车改装质量评定

任务导入

一位私家车的车主想把自己的爱车进行改装，但是不知道如何评定汽车改装后的质量。你能给这位先生介绍一下关于汽车改装质量评定的一些基础知识吗？

知识准备

一、汽车改装外观质量评定

外观质量评定包括车身蒙皮和护板、面漆、装饰件等的质量评定。

1. 车身蒙皮和护板

（1）蒙皮　评定技术要求：车身蒙皮应形状正确、平整、曲面圆顺、无松弛和裂损。

检查方法与手段：检视。

评定方法：有1处以上缺陷为不合格。

（2）铆钉和螺钉　评定技术要求：车辆周身铆钉和螺钉应平贴、紧固。

检查方法与手段：检视。

（3）护板　评定技术要求：车辆护板应平整、曲面圆顺、无凸凹变形和裂损。

检查方法与手段：检视。

评定方法：有两处以上缺陷为不合格。

2. 面漆

（1）面漆表面　评定技术要求：漆表面应无流痕、起泡、裂纹、皱皮、脱层和缺漆。

检查方法与手段：检视。

评定方法：有两处以上缺陷为不合格。

（2）面漆边界　评定技术要求：面漆异色边界应分明、整齐。

检查方法与手段：检视。

评定方法：有两处以上缺陷为不合格。

（3）漆膜光泽　评定技术要求：车身蒙皮漆膜光泽度，客车应不低于90%。

检查方法与手段：用漆膜光泽测量仪按 GB/T 37361—2019 中的规定测量。

评定方法：不符合规定为不合格。

（4）漆硬度　评定技术要求：漆表面硬度应符合 QC/T 6739—2006 中的规定。

检查方法与手段：按 QC/T 6739—2006 中的规定检验。

评定方法：不符合规定为不合格。

3. 装饰件

（1）内、外装饰件外观　评定技术要求：内、外装饰件外观应平顺、贴合，无凹陷、凸起或弯曲，拐角圆顺，表面无划痕、锤击印。紧固件排列整齐、安装牢固。

检查方法与手段：检视。

评定方法：有两处以上缺陷为不合格。

（2）装饰带　评定技术要求：外装饰带分段接口处应平齐，接口间隙不大于0.5mm，并与窗下沿平行，其平行度误差在全长内不应大于5mm。

检查方法与手段：用塞尺测量接口间隙，钢直尺测量平行度。

评定方法：有 1 处以上缺陷为不合格。

(3) 电镀装饰件　评定技术要求：电镀装饰件应光亮、无锈斑、脱层、划痕，铝质装饰件表面应抛光，并经氧化或电化学处理。

检查方法与手段：检视。

评定方法：有两处以上缺陷为不合格。

二、汽车改装车身质量评定

改装车身质量评定包括外形寸，内、外凸起物，车门和车窗等的质量评定。

1. 外形尺寸

评定技术要求：应符合原设计规定。

检查方法与手段：测量外部尺寸时，能用钢卷尺按 GB/T 12673—2019 中规定的外部宽度、高度、长度等测量项目进行，测量内部尺寸按 GB/T 12673—2019 中规定的测量项目进行。

评定方法：不符合规定为不合格。

2. 内、外凸起物

评定技术要求：车身内、外部不应有任何可使人致伤的尖锐突出物。

检查方法与手段：检视。

评定方法：有 1 处以上缺陷为不合格。

3. 车门

评定技术要求：车门应启闭轻便、锁止可靠；门缝均匀，密封条有效。

检查方法与手段：检视。

评定方法：不符合规定为不合格。

4. 车窗（风窗、后窗）

(1) 外形　评定技术要求：侧窗、角窗及顶风窗无翘曲变形。

检查方法与手段：检视。

评定方法：有两处以上缺陷为不合格。

(2) 开启　评定技术要求：可开窗，应启闭轻便、关闭严密、锁止可靠，电动升降机、摇窗机灵活有效。

检查方法及手段：检视。

评定方法：有两处以上缺陷为不合格。

(3) 封条　评定技术要求：密封条应齐全、无老化、破损，粘接牢固、有效。

检查方法与手段：检视。

评定方法：有两处以上缺陷为不合格。

(4) 玻璃　评定技术要求：门窗玻璃应采用安全玻璃，前风窗玻璃应采用夹层玻璃或部分区域钢化玻璃；其他门窗可采用钢化玻璃，并应齐全、完好、透明。前风窗玻璃应不炫目。

检查方法与手段：检视。

评定方法：有两处以上缺陷为不合格。

5. 发动机罩

评定技术要求：应无裂损、凹凸变形，盖合严密、边缝均匀、附件齐全有效、开启灵活、锁止可靠。

检查方法与手段：检视。

评定方法：有两处以上缺陷为不合格。

6. 行李舱盖

评定技术要求：无裂损、变形，开启灵活、盖合严密、边缝均匀、锁止可靠、支起牢固。

检查方法与手段：检视。

评定方法：有两处以上缺陷为不合格。

7. 座椅

（1）**间距** 评定技术要求：座椅间距应符合原厂设计规定或符合改装、改造技术要求的规定。

检查方法与手段：用钢直尺测量。

评定方法：有两处以上缺陷为不合格。

（2）**座椅架** 评定技术要求：座椅架应无裂损、变形、锈蚀，安装牢固。

检查方法与手段：检视。

评定方法：有两处以上缺陷为不合格。

（3）**调节机构** 评定技术要求：座椅调节机构灵活、有效、锁止可靠。

检查方法与手段：检视。

评定方法：有两处以上缺陷为不合格。

8. 仪表盘

评定技术要求：无裂损、凹凸变形，安装可靠，仪表齐全、完好、准确。

检查方法与手段：检视。

评定方法：有 1 处以上缺陷为不合格。

9. 后视镜

评定技术要求：成像清晰，调节灵活，支架无裂损和诱蚀，装置牢固。

检查方法与手段：检视。

评定方法：有 1 处以上缺陷为不合格。

10. 刮水器

评定技术要求：工作可靠，有效刮面达到原设计要求。

检查方法与手段：检视。

评定方法：不符合要求为不合格。

11. 防雨密封性（关键项）

评定技术要求：防雨密封性限值应符合 QC/T 271—2021 中的规定。

检查方法与手段：按 QC/T 271—2021 中的规定测量。

评定方法：不符合要求为不合格。

12. 车内噪声（关键项）

评定技术要求：汽车最大允许噪声应符合 GB 24929—2010 的有关规定。

检查方法与手段：按 GB 24929—2010 的规定测量。

评定方法：不符合要求为不合格。

三、汽车改装发动机质量评定

改装发动机质量评定包括装备与装配、进气管真空度、气缸压力、发动机运转情况等的质量评定。

1. 装备与装配

评定技术要求：发动机装备齐全、有效，装配应符合 GB/T 3799—2021 中的有关规定。

检查方法与手段：检视。

评定方法：有 1 处以上缺陷为不合格。

2. 进气管真空度

(1) 真空度数值 评定技术要求：汽油发动机怠速时，进气歧管真空度应在 60~70kPa；增压发动机应符合要求。

检查方法与手段：用转速表、真空计、气压计检查（大气压强以海平面为准）。

评定方法：不符合规定为不合格。

(2) 真空度波动范围 评定技术要求：发动机怠速时，进气歧管真空度波动，6 缸汽油机不超过 3，4 缸汽油机不超过 0。

检查方法与手段：用转速表、真空计检查（大气压力以海平面为准）。

评定方法：不符合规定为不合格。

3. 气缸压力

(1) 压力数值 评定技术要求：气缸压缩压力应符合原设计规定。

检查方法与手段：用转速表、气缸压力表检查。

评定方法：不符合规定为不合格。

(2) 缸压力差 评定技术要求：每缸压力与各缸平均压力的差，汽油机不超过 8%，柴油机不超过 10%。

检查方法与手段：用转速表、气缸压力表检查或用发动机分析仪测量。

评定方法：不符合规定为不合格。

4. 发动机运转情况

(1) 怠速 评定技术要求：发动机怠速运转稳定，其转速符合原设计规定。转速波动不大于 50r/min。

检查方法与手段：用转速表进行运转试验或用发动机综合分析仪测量。

评定方法：不符合规定为不合格。

(2) 改变转速 评定技术要求：发动机改变转速时应过渡圆滑。

检查方法与手段：用发动机转速表测量。

评定方法：不符合要求为不合格。

(3) 加速或减速 评定技术要求：发动机突然加速或减速时不得有突爆声，转速变化均匀，不得有断火、爆燃现象。

检查方法与手段：检视。

评定方法：不符合要求为不合格。

5. 异响

评定技术要求：发动机在正常工况下运转时，不得有异常响声。

检查方法与手段：检视或用发动机异响分析仪检查。

评定方法：不符合要求为不合格。

6. 机油压力

评定技术要求：发动机机油压力应符合原设计规定。

检查方法与手段：用机油表进行运转试验。

评定方法：不符合规定为不合格。

7. 冷却液温度、油温

评定技术要求：发动机冷却液温度、油温应符合原设计规定。

检查方法与手段：用冷却液温度表、油温表进行试验。

评定方法：不符合规定为不合格。

8. 四漏情况（关键项）

评定技术要求：发动机应无漏水、漏油、漏气、漏电现象。

检查方法与手段：检视。

评定方法：不符合要求为不合格。

9. 喷漆

评定技术要求：发动机应按照规定涂漆，涂层均匀，不得有漏涂现象。

检查方手段：检视。

评定方法：有两处以上缺陷为不合格。

四、汽车改装性能质量评定

汽车改装性能质量评定包括起动性能、动力性能、燃料经济性和制动性等的质量评定。

1. 起动性能

（1）冷车起动（关键项） 评定技术要求：在环境不低于-5℃时，应起动顺利，允许连续起动不多于3次，每次起动时间不多于5s。

检查方法与手段：检视。

评定方法：起动超过3次或多于5s均为不合格。

（2）热车起动 评技术要求：在发动机正常工作温度下，5s内能起动。

检查方法与手段：检视。

评定方法：不符合要求为不合格。

2. 动力性能

评定技术要求：以动力提升为目的的改装，改装后的动力性能应提高明显并达到约定的指标。非动力提升改装，改装后发动机的最大功率不得低于原设计的规定值。

检查方法与手段：在最高车速、加速时间和最大爬坡度3项指标中任选其一进行测量。有条件的可用测功机（仪）按有关规定测量。

评定方法：不符合要求为不合格。

3. 燃烧经济性

（1）燃料消耗率（关键项） 评定技术要求：发动机最低燃料消耗率不得高于原设计要求。

检查方法与手段：用油耗计、测功机仪按有关规定测量。

评定方法：不符合要求为不合格。

（2）百公里油耗 评定技术要求：百公里油耗不得高于原设计要求（提高发动机功率的改装除外）。

检查方法与手段：实际驾车测量。

评定方法：不符合要求为不合格。

4. 制动性

评定技术要求：汽车制动性应符合GB/T 36986—2018的规定，汽车驻车制动性能应符合GB/T 35349—2017的规定。

检查方法与手段：按GB/T 36986—2018、GB/T 35349—2017的规定测量。

评定方法：不符合规定为不合格。

5. 环境保护性

（1）排放（关键项） 评定技术要求：汽油机排放应符合GB/T 18285—2018的规定。

检查方法与手段：按GB/T 18285—2018的规定测量。

评定方法：不符合规定为不合格。

(2) 噪声（关键项） 评定技术要求：汽车加速行驶时车外噪声须符合 GB 1495—2002 的规定，车内噪声应符合 GB/T 7258—2017 的规定。

检查方法与手段：车外噪声按 GB 1495—2002 的规定测量，车内噪声按 GB/T 18697—2002 的规定测量。

评定方法：不符合规定为不合格。

(3) 无线电干扰 评定技术要求：汽车无线电干扰特性应符合 GB 14023—2011 的规定。

检查方法与手段：按 GB 14023—2011 的规定测量。仪器类型测量仪器应符合 GB/T 6113.102—2018 的规定。

评定方法：不符合规定为不合格。

6. 操纵稳定性

评定技术要求：汽车操纵稳定性应符合 GB/T 6323—2014 中的要求。

检查方法与手段：按 GB/T 6323—2014 中的规定测量。

评定方法：不符合规定为不合格。

7. 平顺性

评定技术要求：改装后汽车的平顺性应不低于原车设计。

检查方法与手段：按 GB/T 4970—2009 中的规定测量。

评定方法：不符合规定为不合格。

8. 通过性

评定技术要求：改装后汽车的最小离地间隙、接近角、离去角应符合原设计要求。

检查方法与手段：实际测量。

评定方法：不符合要求为不合格。

9. 可靠性

可靠性无法进行检验，只能通过保修期来保证。

10. 整备质量

评定技术要求：改装后汽车整备质量及轴荷分配不得超过原设计的 3%。

检查方法与手段：用汽车平衡或汽车轮轴质量仪测量。

评定方法：不符合规定为不合格。

现实当中，汽车改装的项目很多，不可能一一列举。上面所列的检验方法中，有些太专业，有些只能在实验室进行，可操作性不强，在此提出来仅供参考。在实际改装过程中，改装双方在制订改装合同时，应根据实际情况协商出一个双方都认可的、可操作的质量验收标准。

任务实施

1. 任务描述

一辆宝来汽车加装了尾翼，请你对其改装后的质量进行评定。

2. 任务目的

1）了解汽车改装的质量评定标准。

2）能够撰写条理清晰的质量评定报告。

3）能积极地参与任务，能与小组成员团结协作。

3. 任务准备

1）知识准备：完成"任务四 汽车改装质量评定"的学习。

2）材料准备：提供调研范围及参考资料网站。

4. 任务步骤

1）下发参考资料。

2）学生撰写质量评定报告，并完成任务工单相应部分内容的填写。

5. 任务评价

序号	评价指标	评价内容	分值	评分标准	得分
1	文体格式	包含"情况、问题、意见"或"情况、经验、启示"3项	20	酌情扣分	
2	字数	不少于3000字	10	酌情扣分	
3	语言逻辑性	语言流畅、精炼、准确；立论鲜明有力，逻辑性强	15	酌情扣分	
4	基本素材	数据真实、准确、翔实，情况全面、具体	15	酌情扣分	
5	问题分析	问题分析或经验总结准确、深刻，能见微知著	20	酌情扣分	
6	结论准确	对改装汽车进行整体评价	20	酌情扣分	
总分					

项目二　汽车外观及内饰改装

通过完成本任务的学习，应达成以下目标及要求：
1. 了解汽车外观及内饰改装的目的及意义。
2. 掌握汽车外观改装的基本知识。
3. 掌握汽车内饰改装的基本知识。
4. 掌握常见外观及内饰改装项目的施工流程。
5. 掌握汽车改装工具的操作方法。

任务一　汽车外饰的改装

李先生刚刚购买了一辆二手的一汽大众 Golf 轿车，他认为自己的汽车外观不够炫酷，想将汽车的外观装饰一番，但是不知道具体可以改装哪些部位。请你根据自己掌握的改装知识帮助一下李先生。

一、大包围的加装

大包围又称车身空气扰流组件。汽车大包围由前包围、后包围和侧包围组成。前、后包围有全包围式（图 2-1）和半包围式（图 2-2）两种形式。全包围式是将原有保险杠拆除，然后装上大包围，或将大包围套在原保险杠表面；半包围是在原保险杠的下部附加一个装饰件，这样可以不拆除保险杠。侧包围（图 2-3）又称侧杠包围或侧杠裙边。由于汽车在发生撞击时，保险杠可以起到缓冲和吸震的作用，而且它是在汽车设计时经过精密计算得出的，可以最大限度地保护乘员，所以出于安全考虑，与全包围相比半包围更具有优势，但美中不足的是半包围达不到全包围的那种整体美感。

(1) 大包围的材料　国内主要流行的汽车大包围材料主要有玻璃纤维材料、ABS 塑料、合成树脂材料、聚酯塑料和合成橡胶等。

1) 玻璃纤维大包围。此类产品价格较便宜，但韧性极差，成件安装、打孔麻烦。玻璃纤维的耐腐蚀性能好，对大气、水和一般浓度的酸、碱、盐及多种油类和溶剂都有较好的抵抗能力；热性能良好、热导率低，是优良的绝热材料，在瞬时超高温时，是理想的热防护和耐烧蚀材料；由于这种材料制作的时候收缩性较大,所以用其制造出的包围表面很容易起波浪,经过一段时间的日晒后可能出现裂缝。

图 2-1　全包围

图 2-2　半包围

图 2-3　侧包围

2) ABS 塑料大包围。此类产品因为是以真空吸塑成型,厚度较薄,所以不能作保险杠款的包围,只能制作唇款的大包围。

3) 合成树脂材料大包围。此类材料收缩性较小、韧性较好、耐热不变形,所以用其制作出的产品表面光滑,同时抗扭力较强、密合度较高,但价格相对较高。

4) 聚酯塑料大包围。此类产品是高压注塑成型,有很高的柔韧性与强度。因为大多数汽车的原装保险杠是采用聚酯塑料制造的,所以此种大包围与车身的密合度是最佳的,使用寿命也较长。但此类产品造价极高,一般消费者难以承受。

5) 合成橡胶大包围。合成橡胶是目前高档汽车所采用的汽车外饰材料,由于它具有抗冲击性好、不易变形、不易断裂、耐候性好(-40~80℃)且环保无公害等诸多优点,已经成为国际汽车装饰业界公认的最合适做汽车装饰板的材料。合成橡胶大包围采用液体原料灌注而成,外形平滑,表面喷涂亮漆后,外观效果非常好。

(2) 大包围的选用　大包围的选用原则如下:

1) 整体性原则。要将车前、后、左、右各包围件当作一个整体来设计,拿半包围和全包围进行比较:进行全包围可能会去除原有保险杠,但其设计时可以把大包围按照一个整体进行设计并安装;半包围虽然安全性好,但它可能更多的是使装饰件更好地配合原车的轮廓,因而整体性可能略差。

2) 协调性原则。各包围件的造型与颜色要与车身相协调,车身包围件应该与车身紧密配合,并且颜色尽量与车体颜色不要有太大色差。试验结果表明,在天气晴好的条件下,浅色系的汽车安全性能高于深色系汽车。在进行车辆装饰的时候,要注意进行合理搭配,夏天最好采用冷色,冬天最好采用暖色。利用色彩的特性进行合理的搭配,可以使车辆漂亮的同时增加安全性。

3)安全性原则。汽车安装包围后决不能影响整车的性能和行车安全,设计要考虑路面状况,所有饰件离地应保持一定距离。例如,若加装大包围不当,虽然达到了美观的目的,但不符合空气动力学原理,不仅可能使原车的动力性能下降,增加油耗,还可能影响行车稳定性,造成不应有的事故。另外,离地保持一定距离可以使汽车更好地驶过不平的路面。

4)标准性原则。大包围组件要符合国家有关规定。我国法律虽然没有对汽车的相关改装做详细规定,只是规定不得私自改装车辆,但肆意地按照自己意愿安装汽车大包围改变了车辆登记时的原貌是不符合国家规定的,所以车主在加装大包围前应该先咨询相关事项,以免带来不必要的麻烦和损失。

(3)大包围的安装　大包围的安装步骤详见表2-1。

表2-1　大包围的安装步骤及图示

序号	操作步骤	图示
1	在进行包围安装作业前,先洗车。将需要安装包围的车身位置用清洗剂洗净,再用干净无纤维脱落的布或纸巾擦拭干净	
2	将原来的包围拆下来,清洗擦拭干净后在安装位贴上皱纹纸	
3	检查新包围的外观、质量,并将新款包围装在车上进行对位	

序号	操作步骤	图示
4	根据新包围的定位，用砂轮片将需要修正的地方进行调整	
5	根据原车上的螺钉孔位置，在新包围的对应位置进行打孔，并在原装车的螺钉孔处拧紧螺钉。分别安装前包围、后包围和侧包围	
6	安装完成，进行验收	

二、尾翼的改装

越来越多的轿车在其尾部行李舱盖外端都装有一块像是倒装的尾翼（图2-4），使原本就拥有华丽迷人外观的轿车又平添许多妩媚和生气。许多人都以为这新颖美丽的汽车尾翼是厂家为了好看才给轿车安装的装饰件，其实它的主要作用是有效地减少轿车在高速行驶时的空气阻力和节省燃料。

(1) 尾翼工作原理　根据气体动力学原理分析，汽车在行驶过程中会遇到空气阻力，这种阻力可分为纵向、侧向和垂直3个方向的作用力，并且车速与空气阻力二次方成正比，所以车速越快，空气阻力就越大（图2-5）。

一般情况下，当车速超过60km/h时，空气阻力对汽车的影响表现得就非常明显了。为了有效地减少并克服汽车高速行驶时空气阻力的影响，人们设计了汽车尾翼，其作用就是使空气对汽车产生第4种作用力，即对地面的附着力，它能抵消一部分升力，控制汽车上浮，减小风阻的影响，使汽车能紧贴着道路行驶，从而提高行驶的稳定性。目前，大多数汽车尾翼都是用玻璃纤维或碳

图 2-4　法拉利 F1 赛车的尾翼及布加迪威龙的主动式尾翼

图 2-5　车辆高速行驶时气流示意图

纤维制成的，既轻巧又坚韧，并且它的形状尺寸是经过设计师精确计算而确定的，不宜过大也不宜过小，否则会增加轿车的行车阻力或起不到应有的作用。除了减少高速行驶中的阻力，加装尾翼对于节省燃油也有一定帮助。以排气量为 1.6L 的轿车为例，如果装上尾翼，空气阻力系数降低 20%，在一般道路上行驶时耗油量减少或许不明显，如果在高速公路上行驶则能省油大约 10%。

（2）尾翼的材料　目前，流行的汽车尾翼材质主要有玻璃钢、铝合金和碳纤维等。

1）玻璃钢尾翼。这类尾翼造型多样，有鸭舌状的、机翼状的和直板式的。玻璃钢材质比较脆，韧性和刚性都较差，但价格比较便宜。

2）铝合金尾翼。这类尾翼导流和散热效果不错，而且价格适中，但重量要比其他材质的尾翼稍重些。

3）碳纤维尾翼。碳纤维尾翼的刚性和耐久性都非常好，不仅重量轻而且美观。现在碳纤维尾翼广泛地被 F1 等比赛赛车采用（图 2-6），但价格昂贵。

图 2-6　奥迪 R8 碳纤维尾翼

（3）尾翼的安装　尾翼的安装方法有很多，比较常见的是打孔安装和胶粘。下面以打孔式安装为例介绍尾翼的安装步骤，详见表 2-2。

项目二 汽车外观及内饰改装

表2-2 尾翼的安装步骤及图示

序号	操作步骤	图示
1	在进行尾翼安装作业前,先洗车。将需要安装尾翼的车身位置用清洗剂洗净,再用干净无纤维脱落的布或纸巾擦拭干净	
2	首先将尾翼放到车后边固定好位置,然后在尾翼上的孔里用笔做好标记,以方便打孔	
3	在标记的点上用钉子按个凹点,以方便之后打孔	
4	打孔(大小要合适)	
5	对孔进行防水处理,可以用补漆笔涂抹一下,尾翼上孔里面也涂抹一下,在拧螺钉的时候也可以起到保护作用	
6	安装螺钉并固定	

三、车门的改装

车门是为驾驶人和乘客提供出入车辆的通道,并隔绝车外干扰,可在一定程度上减轻侧面撞击,保护乘员。汽车的美观也与车门的造型有关。车门的好坏主要体现在:车门的防撞性能、车门的密封性能、车门的开合便利性,还有其他使用功能的指标。车门的防撞性能尤为重要,因为车辆发生侧碰时，缓冲距离很短，很容易伤到车内人员。

车身外观的改装一直占有相当重要的地位，改变车身外观最迅速、最简便的方式就是改装车门（图2-7和图2-8）。

图2-7　改装后的车门

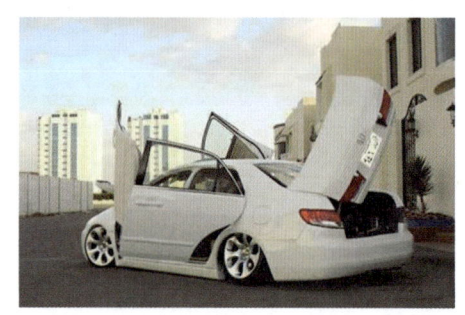

图2-8　改装后的背门

(1) 车门改装的种类

1) 逆开式车门。逆开式车门与常见汽车的开启方式不同，车门向后开启（图2-9）。向后开启式车门是汽车工业早期最流行的一种开门方式，虽然这种设计使得前排乘员上下车更为方便，但是其也存在安全隐患，因此这种设计逐步被淘汰。目前在售车型里采用向后开启式车门的车型不多，最有代表性的是劳斯莱斯双门GT跑车——劳斯莱斯魅影。

2) 隐藏式伸缩门。采用这种车门的最具代表性的车型是宝马Z系列的鼻祖——宝马Z1（图2-10）。不同于恺撒Darrin采用的前滑动设计，宝马的设计师将Z1汽车的车门槛抬高，因此车门可以向下滑动，隐藏于门槛内。这种单扇全尺寸车门开启后会完全隐藏在车辆底盘下方，对于乘员上下车没有任何影响。

图2-9　逆开式车门

图2-10　隐藏式伸缩门

3) 剪刀式车门。剪刀式车门的铰链在前挡泥板处，因车门的开启形状好似剪刀而得名。从功能上来讲，剪刀式车门朝上并朝前开启，使乘员进出更加方便，需要的外在空间也较小。剪刀门最大的优势是装完后带来的回头率，但总体来看，其装饰作用要远超过实际功能。图2-11所示为改装剪刀门后的高尔夫。

4) 鸥翼式车门。鸥翼式车门外观个性、动感，给人以振翅欲飞的感觉，鸥翼式车门便于乘员进出和行李的放置。奔驰300SL采用的就是鸥翼式车门，如图2-12所示。如今很多车主为了使自己的汽车拥有炫酷的外表，在原车的基础上改装鸥翼式车门，其实并没有什么优势，反而缺点很多。首先是铰链的强度低、可靠性差、极易损坏，因为向上开启车门的铰链无法承受过大的车门重量，所以只有使用碳纤维等轻质材质制作车门的超跑才使用这种结构；其次这种车门结构安全性差，有严重的安全隐患，一旦翻车，则车门无法开启；另外，鸥翼式车门的结构对车顶强度损害较大。

图 2-11　改装剪刀门的高尔夫

图 2-12　奔驰 300SL

(2) 车门改装步骤　汽车车门可以改装成各种开启形式，下面以剪刀式车门为例介绍车门的改装步骤，详见表 2-3。

表 2-3　车门的改装步骤及图示

序号	操作步骤	图示
1	拆下汽车两边的翼子板、车内的饰板以及妨碍安装剪刀门的各个部件	
2	把车门的上、下铰链都拆下，拆下后要保证后车门能够关到位	
3	把剪刀门铰链平放到车架大梁侧面，找到剪刀门套件的安装平面。找到最佳位置后做定位标记，同时找准限位销的开孔位置	

(续)

序号	操作步骤	图示
4	做开始阶段的固定，先把剪刀门铰接弯臂的额外一端加焊一块细长条钢板，依照车门内侧（原车门铰接面上）的螺钉位打孔并装上车门，然后把剪刀门铰链支撑座固定在车梁或增强钢板上	
5	把车门向外打开，找最佳开启角度（绞链摇臂不能碰擦到翼子板，因此部分车型的翼子板内边需要进行切除，以便让出摇臂的摆动空间），并调整两颗限位螺杆，同时固定内、外限位销，让车门往外开到一定角度时才能向上开启，必须保证门内饰板和后视镜不摩擦A柱或其余部位	
6	安装液压撑杆。先打开车门，找准两支撑杆安装的位置和间隙。安装时，液压杆必须是自由状态，拉杆不能靠得太近，否则关门会很费力	
7	把底座焊接到大梁上，之后打孔攻螺纹，把撑杆一端固定在底座上，一端连接到摇臂上。其撑杆位置应保证开、关车门时不与任何部位碰擦	
8	装回翼子板及车门内饰板附件等	

项目二　汽车外观及内饰改装

(3) 车门改装注意事项

1) 保证乘员上、下车方便性,最大开度控制在 65°～70°。
2) 开启过程中不应与其他部位发生位置干涉。
3) 车门关闭时要锁止可靠,不会在行车中自行打开。
4) 车门机构操纵方便,包括关门自如、玻璃升降轻便等。
5) 有良好的密封性能。
6) 具有大的透光面,满足侧向视野要求。
7) 要有足够的强度与刚度,保证车门工作可靠,减小车门部分振动,提高车辆侧向碰撞安全性,防止车门下沉。
8) 具有良好的车门制造、装配工艺性。

四、车身喷漆改色及贴膜改色

1. 车身喷漆

越来越多的车主会对自己车辆外观颜色产生视觉上的"疲劳",于是就想变换一下车身颜色。为了改变车身颜色,全车喷漆(图2-13)是很多车主的选择。汽车喷漆是给汽车表面上一层漆,可达到保护汽车的效果,汽车喷漆一般用烘烤漆。在汽车制造厂,车架、车壳焊接完成后,下一道工序就是喷漆。所喷油漆的种类有普通漆、金属漆和珠光漆。

图 2-13　全车喷漆

(1) 改色注意事项　在改变车身颜色时需要注意以下几点:

1) 车身改色申请较为简单,花费少(工本费)、时间短,一般情况下当天可以完成。车身改色可能会因地域的不同而有一定差异(标准),建议在改色和备案前咨询本地区车管部门。
2) 办理前,需将相关交通违规(改变颜色前)处理完毕,例如变更车身颜色之前的违章罚款,是不允许延续到改变颜色后的"新车"上,车主要先缴清罚款或接受学习之后才可以办理相关变更手续。
3) 若车辆的本来颜色为黑、白类等较为简单的常规颜色,可以先将车辆改色完成后,直接去车管所办理变更。

(2) 车身喷漆改色步骤　通常改色都会选择全车内、外喷漆,具体步骤详见表2-4。

表 2-4　全车喷漆步骤及图示

序号	操作步骤	图示
1	拆卸外观件(因为要全车喷漆不能有明显裸露的原色漆),拆卸内饰件、车门、行李舱等	

（续）

序号	操作步骤	图示
2	将塑料件、玻璃件、碳纤维件等做特殊的处理，贴上美纹贴或塑料布，防止喷漆时被污染	
3	使用砂纸、打磨机等打磨原漆	
4	涂抹原子灰	
5	进行调漆	
6	进行喷漆	
7	抛光、打蜡处理	

2. 车身贴膜改色

车身贴膜是将高分子聚合材料贴附于车漆表面，达到保护原漆、装饰车身的目的，其可随时轻易揭除，与传统封釉、镀膜、喷漆等漆面化学改变形成鲜明对比。汽车车身贴膜是专为汽车车身设计的高性能低黏度聚氯乙烯薄膜，具有充分贴合车身漆面及内饰等基材表面的属性，具有便于施工，柔韧性、耐久性、抗化学腐蚀性、不透光性强等优点，可有效保证施工过程中面对曲折车身表面时进行准确、无缝隙、无气泡贴覆，不会对车漆造成损害，还会充分保护车辆的原漆。车身贴膜分为两种，一种为全车贴膜，也称改色膜（图 2-14）；另一种是局部贴膜（图 2-15 和图 2-16），主要起到装饰作用。

图 2-14　全车车身贴膜

图 2-15　车门贴膜　　　　　　　　　图 2-16　后部贴膜

（1）**车身贴膜步骤**　汽车贴膜是一项对施工工艺要求较高的工作，除了具备专业知识、专业工具，还需要有良好的施工环境。不同品牌的车膜会有不同的要求。全车贴膜的基本步骤详见表 2-5。

表 2-5　全车贴膜的基本步骤及图示

序号	操作步骤	图示
1	洗车：对车辆进行全方位清洗，彻底清除车身上附着的污物	

（续）

序号	操作步骤	图示
2	裁膜：根据车身不同地方的尺寸裁剪保护膜	
3	局部铺膜：例如发动机舱盖的施工，首先把发动机舱盖上的车标拆下，再铺上贴膜，贴膜要覆盖整个发动机舱盖，边缘部分要留少许余量	
4	刮膜：用硬质卡片刮膜，赶出气泡，直到贴膜与车体之间没有气泡为止，使贴膜与车漆更加贴合	
5	烤膜：因为车身上有很多设计令车体并不完全是一个平面，用热风枪对此处的贴膜进行加热，使具有热塑性的贴膜延展开，做到与车身完美贴合	
6	割膜：用美工刀将多余的贴膜割除，整个贴膜工序便完成了	

（2）车身改色膜的优点

1）在不伤原车漆的前提下，可随心所欲地改变车身颜色与涂装或拉花。

2）与全车喷漆相比，改色贴膜施工简易，对车辆完整性的保护更好；颜色搭配自主性更强，且不会存在相同颜色不同部位产生色差的烦恼。

3）如果想恢复原车漆，只需将贴膜揭掉即可。

五、行李架的加装

行李架（图2-17）兼具美观与实用功能，既可让汽车的造型更酷，也可在出游时派上大用场。它能承载行李舱放不下的物品，如体积大的行李、自行车、折叠床等。只要车主将物品固定到位，特别是在货品上加装上行李绳网，便可以携带更多的东西。汽车行李架的叫法有很多，如车顶架、车顶横杆、车顶行李架、汽车顶架、车顶支架等。除了行李架，还有一种位于车顶的装置用来扩展收纳空间，通常被人们称为车顶箱（图2-18）。

图 2-17　行李架

图 2-18　车顶箱

（1）选用行李架的注意事项　汽车行李架最常用于自驾旅游，配合车顶箱、车顶框搭载旅游行李，增大车内空间，也可以携带其他运动器材，如滑雪板、自行车、帆船等。在选用行李架时通常需要注意以下几点：

1）首要考虑的是产品安全性：凡注重产品安全性的品牌都会对出售的产品进行严格检测及取得相关认证。行李架的比较权威的产品安全检测认证标准主要是德国 TUV 认证，通过该认证的产品，可以让世界范围内的消费者放心购买与使用，但通过该认证的品牌主要以国外品牌为主。

2）注意行李架能承受的最大载重量：承载量最终取决于车顶的设计承载能力，建议尽量不要超载。

3）注意行李架的兼容性：这主要取决于车顶装备的固定方式。

4）注意风阻风噪：越来越多汽车车主关注行驶过程中的风阻风噪问题，风阻会增加油耗，同时会带来风噪。

5）对比外观和造型：传统的行李架都是两侧贯穿型的设计，横杆会从车顶向两侧伸出，这种款式的行李架需考虑和车身整体的协调性；有的汽车品牌有原厂款式的行李架，就像是专车定制的一样，同样可以搭载，既美观又实用。

6）明确用途：如果加装行李架只是为了工作搭载，并且希望搭载空间越多越好，那么传统的两侧贯穿型车顶架较适合。如果加装行李架是为了偶尔搭载，并且希望车顶架可以长期待在车顶，既牢固又美观，可以选择新型的汽车行李架。

7）防盗及其他人性化设计：包括锁芯及钥匙的设计、组装和安装是否方便、是否无损化安装、防盗性能如何等。

8）选择时了解重点参数：品牌、性价比、材质、固定方式、使用时噪声大小、美观程度、承载重量、安全锁、适用车型、架脚高度是否对天窗有影响、是实际载物还是为了装饰美观等。

(2) 行李架的安装步骤　行李架的安装有多种形式，现在常用的是螺钉固定或者使用强力胶进行安装。如果行李架的用途就是为了装行李等物品，并且希望搭载物品越多越好，那么用螺钉固定的或原厂配有的行李架比较适合。如果加装行李架是为了车辆美观、协调，可以选择粘胶的，既牢固又美观。现以胶粘法为例介绍行李架的安装步骤，详见表2-6。

表2-6　行李架安装步骤及图示

序号	操作步骤	图示
1	根据用途选择合适的行李架	
2	把车顶需要粘贴的位置周围都擦干净，先用湿布擦掉灰尘，再用干布擦干净。建议安装之前洗车	
3	粘贴行李架之前，找好合适的粘贴位置，前、后、左、右都要对称	
4	清洁完车顶后，把行李架的粘胶慢慢揭开，然后迅速地粘到车顶，并使劲地按压10min以上，让粘胶发挥黏结力。注意粘贴行李架尽量在环境温度较高或者太阳光照比较好的时候进行，效果会更好	
5	安装完成，进行检验	

六、汽车玻璃的改装

汽车玻璃是整个车身的重要组成部分，是为了满足车内采光、通风及司乘人员视野的需要而设计的。汽车玻璃按安装位置不同有：前、后风窗玻璃，侧窗玻璃和门窗玻璃。车窗的造型结构及质量对驾驶人的视野、乘员的舒适感、外形的美观以及空气动力特性等方面有较大的影响。现在很多汽车玻璃，特别是后排车窗采用封闭式车窗，主要是因为封闭的车窗气密性更好，有空调的情况下不考虑通风，封闭的车窗更节约成本也更安全。但是这种封闭式车窗也有弊端，即无法进行通风，因此很多车主将自己的爱车进行改装，将封闭式车窗改成推拉式车窗（图2-19）或者是外掀式车窗（图2-20）。

图 2-19　推拉式车窗

图 2-20　外掀式车窗

下面以推拉式车窗为例介绍汽车玻璃改装的步骤，详见表2-7。

表2-7　推拉窗改装步骤及图示

序号	操作步骤	图示
1	选购与原车匹配的推拉式车窗	
2	拆卸原车窗及密封条	
3	安装密封条	

（续）

序号	操作步骤	图示
4	喷涂密封胶	
5	安装推拉式车窗	
6	使用胶带将推拉式车窗固定住	
7	做防水处理，等待密封胶干燥	
8	完成安装，进行验收	

项目二　汽车外观及内饰改装

1. 任务描述
车主诉求：本田飞度的车主想将自己的爱车贴上炫酷的车膜。

2. 任务目的
1）掌握汽车贴膜的方法。
2）掌握拆装工具的使用方法。
3）能积极地参与任务，能与小组成员团结协作，能执行实训室6S规定。

3. 任务准备
1）知识准备：完成"任务一　汽车外饰的改装"的学习。
2）设备准备：整车、清洗剂、抹布、车膜、裁纸刀、烤枪、刮板、喷壶、演示课件（或操作视频）。

4. 任务步骤
1）老师演示或播放视频。
2）学生练习局部贴膜（或老师演示时同步练习），并完成任务工单相应部分内容的填写。

5. 任务评价

序号	评价指标	评价内容	分值	评分标准	得分
1	清洁	用水壶对需要贴膜表面进行喷水清洁	5	操作不当扣1~5分	
		洗手	5	操作不当扣1~5分	
		用清洁剂清洁	5	操作不当扣1~5分	
2	测量	使用尺子对所需贴膜区域进行测量	10	操作不当扣1~10分	
3	下料	在贴膜背面使用直尺和笔进行下料的画线	5	操作不当扣1~5分	
		使用裁纸刀进行下料	15	操作不当扣1~15分	
4	贴膜	找到贴膜的出发点	10	操作不当扣1~10分	
		撕开贴膜出发点的一角，开始贴膜	10	操作不当扣1~10分	
		沿着贴膜路线进行推赶	10	操作不当扣1~10分	
5	烤膜	如遇大面积弧线，无法擀平，则烤膜	10	操作不当扣1~10分	
6	刮平	使用刮板、抹布对贴膜进行刮平	10	操作不当扣1~10分	
7	收边	使用烤枪、刮板、抹布进行收边	5	操作不当扣1~5分	
		总分			

任务二　汽车内饰的改装

任务导入

王女士买了一辆宝来轿车，开了几年后，一些内饰已经呈现旧态，她想将自己的爱车内饰装扮一番，但是不知道具体可以改装哪些部位，请你根据自己掌握的改装知识给王女士一些建议。

一、音像系统改装

汽车音像系统主要包括车载主机、扬声器、功放、显示器四部分。车载主机是车载音像系统的核心部分,主要功能是播放音源,相当于家庭影院的影碟机。为了更适合汽车内空间狭小的特点,车载主机经常带有一定的功放能力,如果对扬声器要求不是太高,就不需要外接功放。现在的车载音像系统大多是专车专用的,除了放影碟、插 U 盘、SD 卡等外,还可以插导航卡进行路径模拟导航,另外还有丰富的娱乐游戏。对于经济型轿车,为降低整车价格,必须压缩音像系统成本,有些原车的音响就只有采用小功率、少功能的主机和廉价低质的扬声器。因此,更多的车主选择对车辆进行音像系统的改装。音像系统改装是指改装或者直接更换整个汽车的音像系统,初级的改装是将原车的主机换成 CD、VCD、DVD、MP3 等,现在市面上最流行的是调频 + CD + MP3 + U 盘 + 存储卡的音像装置。还有的一些车主将音像系统加装在车门上(图 2-21)、立柱上(图 2-22)、座椅靠背上(图 2-23)、行李舱里(图 2-24)等。

图 2-21　车门音像系统

图 2-22　立柱上多媒体音像系统

图 2-23　后排多媒体音像系统

图 2-24　行李舱多媒体音像系统

(1) 音像系统的功能　音像系统的改装主要是针对汽车进行音响改装升级,其目的是满足车主对汽车音乐的需求,汽车音响改装的好与坏、优与劣,除了产品的品质、价格、品牌因素外,还与改装技术相关。

(2) 音像系统改装的步骤　系统改装的步骤详见表 2-8。

表 2-8　音像系统改装的步骤及图示

序号	操作步骤	图示
1	将原机部分拆下	
2	整理线路	
3	安装新显示器	
4	安装完成，进行调试	

二、汽车脚垫的加装

为了能够吸水、吸尘、去污、隔声、保护原车地毯，通常车主在购车后都会安装脚垫（图 2-25）。汽车脚垫属于内部装饰品，保证车里、车外的洁净，起到美观、舒适、点缀的作用。脚垫可以有效防止鞋底残留的水分、脏物造成与离合器、制动器和加速踏板间的滑动，降低内饰被污染和损坏的可能性。

(1) 汽车脚垫材料　国内流行的汽车脚垫材质主要有化纤材料、亚麻材料、PVC 材料和橡胶材料等。

1）化纤脚垫。优点：汽车厂唯一选用的原装配套材质脚垫。缺点：较难打理，时间久了会脏。

2）亚麻脚垫。优点：价格便宜。缺点：摸上去比较软，清洗后容易起毛，而且清洗几次之后会变形，导致脚踩上去脚垫表面深陷下去，影响舒适性，需要经常更换。

3）PVC脚垫。优点：是容易清洗。缺点：冬天容易变硬，会滑动，部分产品原材料质量不可控，气味大。

图 2-25　汽车脚垫

4）橡胶脚垫。优点：清洗很方便，在温度变化比较大的情况下不容易变形，冬、夏季使用都适宜。缺点：气味较大。

5）乳胶脚垫。优点：环保健康无异味，阻燃性好，防滑性好，极易清洗。缺点：目前在中国市场并不是主流，还有待于商家与消费者共同开发。

(2) 汽车脚垫的安装步骤　详见表2-9。

表 2-9　汽车脚垫的安装步骤及图示

序号	操作步骤	图示
1	选择合适的脚垫：铺设脚垫的时候，要保证驾驶侧的脚垫不会影响加速踏板、制动踏板的使用，手动档车辆还包括不影响离合踏板的使用	
2	安装脚垫：新款的车型都已经配有脚垫固定栓，安装脚垫的时候一定要用固定栓将脚垫固定牢靠。对于没有脚垫固定栓的旧款车型，在安装脚垫的时候可以选择自制固定粘胶，以确保脚垫不会移位	
3	安装完成：确保脚垫已经固定牢靠	

三、天窗的改装

汽车天窗通过固定式或可操作打开的形式安装在汽车顶部,打开时可以增加车内的空气流动,为车主及乘员带来新鲜空气,同时可以增加视野,满足一些移动摄影的需求。天窗虽然能在很大的程度上增添汽车的美观度,但不能盲目地去改装天窗,原因有以下4点:

1)改装加车窗不安全。私自开天窗除了会在很大程度上影响车辆年检,还会带来质量等安全方面的隐患。

2)整车刚性会减弱。一般情况下,汽车出厂时带有天窗的机动车一般会增加装横、纵梁龙骨,以保证汽车的安全技术性。如果私装天窗则会改变原车的整体结构和安全性能,当车顶增加了一个洞,整车的结构就会在一定程度上被破坏,整车的刚性就会被大大地减弱,安全性远低于无天窗车型。另外,目前市面上的天窗质量鱼龙混杂,改装后可能会埋下安全隐患。

3)密封性下降。假如改装得不好,会造成天窗漏水、车顶腐蚀等问题。安装天窗需要很精密的计算,单单防水问题,就有很大的技术难度。

4)私自开天窗违法。买车后私自开天窗不仅不安全而且违法。私自改装天窗属于擅自改变机动车已登记的结构、构造或者特征,及机动车行驶证记载的登记内容与该机动车的有关情况不符,属于禁止行为。

很多车主由于多种原因购买了无天窗或者非全景天窗的汽车,为了追求炫酷的外表,在无法开天窗的条件下,选择了全景天窗膜(图2-26)。贴全景天窗膜的步骤详见表2-10。

图2-26 汽车全景天窗膜

表2-10 贴全景天窗膜的步骤及图示

序号	操作步骤	图示
1	清洗车顶篷	
2	将车顶两边的黑色胶条拆掉	
3	测量顶篷尺寸,并裁剪车膜	

（续）

序号	操作步骤	图示
4	用喷壶向带胶一侧喷水，防止车膜立刻粘住车顶，确保车膜能移位调整	
5	调整好位置后，进行贴膜、刮膜、烤膜等一系列操作。注意天窗部位不要动	
6	裁去多余的车膜后，将车顶两侧的胶条固定在原来位置	
7	进行天窗部分的裁剪	
8	对天窗边缘进行塞边处理，一边用烤枪吹，一边将边缘部分粘在天窗内侧	
9	安装完成	

四、座椅的改装

汽车座椅按形状可分为分开式座椅和长座椅；按功能可分为固定式、可卸式和调节式座椅；按乘坐人数可分为单人、双人和多人座椅。根据座椅的使用性能，从最早的固定式座椅，一直发展到多功能的动力调节座椅、有气垫座椅、电动座椅、立体音响座椅、精神恢复座椅，直到电子调节座椅。汽车座椅按材质分为真皮座椅和绒布座椅等。还有一些特殊使用对象的座椅，如儿童座椅和赛车座椅等。大部分车主在购车后都喜欢在座椅上加装座椅通风系统、座椅加热系统或座椅按摩系统，以追求更好的乘坐舒适性。

座椅通风系统（图2-27）源源不断地将冷气从座椅坐垫与靠背上的小孔吹出，防止臀部与后背积汗，提供舒适的乘坐环境。座椅通风又分为前排座椅通风和后排座椅通风。

座椅加热系统（图2-28）是利用座椅内的电加热丝对座椅内部加热，并通过热传递将热量传递给乘坐者，改善冬天时座椅因长时间停放的座椅过凉造成的乘坐不舒适感。座椅加热一般装在选用真皮材料座椅的车辆上，大多数电加热装置都有温度可调节的功能。

图2-27　座椅通风系统

图2-28　座椅加热系统

座椅按摩系统（图2-29）一般在高档汽车上才有，在座椅内加入气动装置，气压由发动机舱的气泵提供，座椅靠背内分别有4个或多个气压腔，实现对腰椎部的保护。座椅按摩又分为前排座椅按摩和后排座椅按摩。

图2-29　座椅按摩系统

加装座椅加热系统的步骤详见表2-11。

表 2-11 加装座椅加热系统的步骤及图示

序号	操作步骤	图示
1	拆卸座椅	
2	打开座椅套	
3	打开后背挂钩	
4	塞入加热垫	
5	安装座椅	

（续）

序号	操作步骤	图示
6	开始接线	
7	安装加热开关	

五、内饰改色

汽车内饰主要是指汽车内部改装所用到的汽车产品，涉及汽车内部的方方面面，例如转向盘套、坐垫、顶篷、仪表、脚垫、香水、挂件、内部摆件和收纳箱等。越来越多的车主开始将自己的爱车进行内饰改色（图2-30），把旧车装饰得焕然一新，车身内部乘坐环境及汽车外表与环境色彩达到协调，能给乘员及行人以美的感受。

图2-30 汽车内饰改色

(1) 内饰改色需要注意的事项

1) 舒服和谐。汽车内饰的色彩和质感都要契合车主的审美以及体感、喜好，防止呈现过快的厌旧状况。

2) 实用。依据汽车内空间的大小和结构，尽可能地选用能充分表现车主个性的、美观的、实用的真皮进行改装。

3) 整洁。长时间地开车，车主是非常容易疲劳的，所以汽车内饰应洁净、整洁，给人一种安闲、清新的感受。

4) 安全。汽车内饰绝不可以呈现阻碍驾驶人的安全行车或乘员安全的状况，如车内的色彩不能太花，不能让驾驶人产生视觉差错；不能影响安全气囊的正常作业等。

(2) 内饰改色的步骤　以车门为例，步骤详见表2-12。

表2-12　车门改色的步骤及图示

序号	操作步骤	图示
1	使用量尺每边多量出2cm，以免改色膜收缩贴不全	
2	下料	
3	先用麂皮擦净要贴的位置，避免有灰尘影响美观	
4	用刮板沿着缝隙划一圈，扩大缝隙（塞膜的时候相对轻松些）	

（续）

序号	操作步骤	图示
5	开始贴膜	
6	将多余的膜裁掉，留出少许多余的膜，进行塞边	
7	塞完边后，用烤枪顺着烤一遍，同时除去里面的气泡	
8	操作完成	

1. 任务描述
车主诉求：大众 T5 轿车的车主想对自己的爱车进行内部装饰。

2. 任务目的
1）掌握内饰改色的方法。
2）掌握工具的使用方法。
3）能积极地参与任务，能与小组成员团结协作，能执行实训室 6S 规定。

3. 任务准备

1）知识准备：完成"任务二 汽车内饰的改装"的学习。

2）设备准备：车膜、刮板、裁纸刀、烤枪、演示课件（或操作视频）。

4. 任务步骤

1）老师演示或播放视频。

2）学生练习内饰改色（或老师演示时同步练习），并完成任务工单相应部分内容的填写。

5. 任务评价

序号	评价指标	评价内容	分值	评分标准	得分
1	量尺	每边多量出2cm，以免改色膜收缩贴不全	15	操作不当扣1~15分	
2	下料	对改色膜进行裁剪	15	操作不当扣1~15分	
3	清洁	清洁灰尘等	10	操作不当扣1~10分	
4	刮膜	用刮板围着缝隙走一圈，扩大缝隙	15	操作不当扣1~15分	
5	贴膜	开始贴膜	15	操作不当扣1~15分	
6	塞边	将多余的膜裁掉，留出少许多余的膜，进行塞边	15	操作不当扣1~15分	
7	烤膜	除去气泡	15	操作不当扣1~15分	
总分					

项目三　汽车越野性能改装

通过完成本项目的学习，应达成以下目标及要求：
1. 掌握越野车防护杠的选用方法。
2. 掌握越野车车顶灯改装的基本知识。
3. 掌握越野车防滚架改装的基本知识。
4. 掌握越野车轮胎改装的基本知识。
5. 掌握越野车绞盘安装的操作步骤。

任务一　越野车防护杠与车顶灯的改装

在大多数人的心中，越野车狂野、个性十足的外形，不过是车主为了张扬自己的个性而装扮起来的，甚至有哗众取宠的感觉。其实不然，越野车外观上的每一件装备，都有它特殊的作用，有一些是为了方便使用的工具，有一些是为了满足特殊情况时驾驶的需要，还有一些是为了在极限路面驾驶时保障驾乘人员的安全。

一、防护杠改装

1. 防护杠改装目的

防护杠是加装在越野车前、后部或是两侧，用于吸收、缓和外界冲击力，保护车身安全的装置。普通车辆标配的保险杠，其设计防护范围相对较小，当车辆与平面物体相碰撞的时候，可以对车辆起到防护的作用。但当车辆与高于保险杠的物体或是凹凸不平的物体相碰撞的时候，保险杠就不能为车辆提供全方位的保护了。

在野外，地形复杂多变，意外的碰撞时有发生。为了能够最大限度地保护车辆，在越野之前，需要安装专用的防护杠。当车辆与凹凸不平的表面碰撞的时候，这种防护杠基本可以满足车头正面和侧面的保护需要。这种防护杠还可以对车辆的前照灯起到防护作用，使障碍物（如树枝、两侧突出的岩石等）不能够直接撞到前照灯的表面。

具有优美造型的越野车防护杠，除了具备防撞功能外，还是车身外部的装饰品，已成为整车造型的组成部分，与车身有机地融合为一个整体，使汽车看起来坚实有力，具有鲜明的个性。越野车防护杠的装饰效果如图3-1所示。

图3-1 越野车防护杠的装饰效果

位于侧面和后面的防护杠还可以起到踏板的作用，为乘客上、下车及向行李舱、车顶行李架放置物品提供方便。具有踏板功能的防护杠可以称为踏板杠（图3-2）。

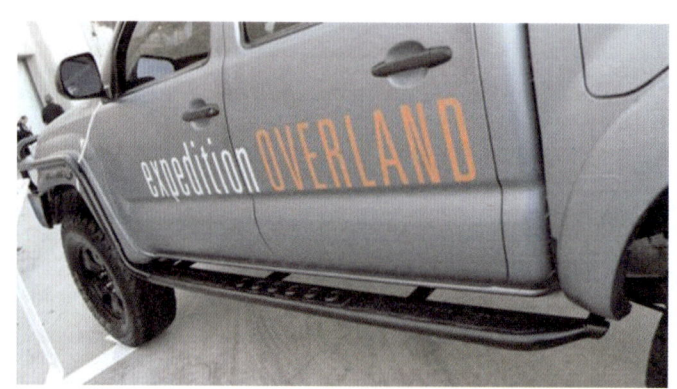

图3-2 侧踏板杠

2. 越野车防护杠的种类

防护杠从结构上可以分为前杠、侧杠（或称侧踏板）和后杠三类。

(1) 前杠　前杠有一体前防护杠和竞技杠两种。一体前防护杠在越野场地可以清除石头、泥土、树苗、杂草这类的障碍物，还可以保护车身和底盘；在都市行驶的时候，它兼顾装饰性与实用性。竞技杠的结构简洁，杠体接近角大，可安装各类绞盘，杠体重量轻，适用于比赛使用，缺点是不能承受侧面的撞击。

前杠可以分为U形前杠和护灯前杠两种。

1) U形前杠。U形前杠（图3-3）的结构简单，可以保持车型原有的面貌，适用于几乎所有的车辆，但它只能防御正面撞击，不能抵挡来自斜前方的撞击。

2) 护灯前杠。护灯前杠（图3-4）可全方位地保护车辆的前脸，抵挡来自正面和斜前的撞击。车主在转弯过程中如果判断有误，转弯角度不够而导致车辆撞击障碍物时，护灯前杠可以有效地保护车身。

(2) 侧杠　侧杠也称边杠，是用螺栓固定在车辆的两侧车门下方的长管。其直接功能是方便驾乘人员上、下车，当需要放置东西到车顶的时候，它还可以充当垫高物。另外，侧杠可以起到轻微的防侧撞保护作用，越野车在山地行驶时，侧杠也可以减轻一部分山石对车辆的破坏。侧杠有粗、细之分，以及越野车专用和微型车专用之分。越野车的底盘高，而且底盘结实，可以安装粗管，微型车底盘低、轮距短，只适合安装细管。

图 3-3 U 形前杠

图 3-4 护灯前杠

(3) 后杠　后杠安装在车辆尾部,它的作用一方面起到防护功能,另一方面可以通过杠体中央的拖车方口安装一个拖车钩,为同行者提供救援保障,如图 3-5 所示。很多车主喜欢在后杠加装反光片,在夜间行驶的时候提示后面的车辆。后杠可以分为单管式和双管式。后杠的材料与前杠相同,具有极强的硬度和极好的韧性。

尾梯(图 3-6)同样可以缓解来自后方的冲击,款式大多以实用为主。尾梯的材料可以分为不锈钢和铝合金两种,前者防腐蚀性能强、光泽度高、承重能力强,因此应用最广泛。

图 3-5 后杠

图 3-6 尾梯

3. 越野车防护杠的选用

目前,防护杠的类型、款式很多,汽车用品生产厂家针对不同款式的车型量身定做了多种防护杠产品,在选用时应注意以下事项。

(1) 看材料　越野车防护杠的主体材料一般为不锈钢,为了实用和美观,还以塑料件或铝管装饰。劣质防护杠大多是铸铁质地,外面镀一层仿不锈钢材料,时间长了容易从内部开始锈蚀,塑料件也容易变颜色、掉漆。还有一些钢管制作的劣质防护杠,在里弯处会起褶子,此类劣质防护杠不要选用。

(2) 看产地　国产防护杠的品牌比较杂,大多数出自不锈钢生产基地。某些厂家由于要为丰田、三菱、JEEP 等品牌越野车提供防护杠等不锈钢配套产品,因此其产品质量有所保证。进口防护杠采用高水平烤漆工艺,产品表面平滑光亮、透明性好、立体感强、耐化学品腐蚀性强、后续维修成本低。

(3) 看外观　正规设备加工出来的防护杠，不管弯度多大，钢管都很平顺。有些防护杠经过静电喷涂工艺处理，其特点是工艺简单、附着力好，其缺点是表面质量粗糙，有橘皮、针孔缺陷。静电喷涂工艺加工成本低，后续维修成本高且不方便。

4. 越野车防护杠的安装

越野车防护杠安装的步骤与方法如下，详见表3-1。

1）选杠。选择款式、颜色与车身相协调的防护杠。
2）准备。将用于安装的螺栓、电钻、扳手等材料及工具准备好。
3）清洁。将安装部位清洗干净，并擦干。
4）钻孔。在汽车的连接部位钻出安装孔。
5）固定。用螺栓将各防护杠固定在连接部位上。
6）防锈。为防止锈蚀，在各钻孔安装点均采取防锈措施。

表3-1　越野车防护杠安装过程

序号	操作步骤	图示
1	选杠	
2	准备	
3	清洁	
4	钻孔	
5	固定	
6	防锈	

安装防护杠工程并不复杂，一般正规改装店都能进行，车主可以通过以下方法检查安装效果：首先看防护杠与车辆是否协调，有无影响车辆原有的配置；其次看安装两边是否对称，用力摇动时是否牢固，此时振动越小越好；再次看在安装过程中是否改变了车体的部件，车身的螺钉是否恢复原位，所有的螺钉是否拧紧牢固。由于它完全是钢管结构，非常重，安装后会影响车辆前、后配重的重心，从而影响车辆的性能。解决这个问题的方法是在车后安装相应重量的保险杠或配重物品。

二、越野车车顶灯的改装

照明系统是越野车改装的一个重要的部分，它的目的是解决越野车在夜间和雾天等需要照明的环境下的照明问题。越野车的车身上安装比一般车辆更多的灯，是有它非常实用的意义的。在极度恶劣的环境下或者在出现故障后急需救援的情况下，一套好的灯具往往可以帮助车主轻松地走出困境，甚至可以挽救生命。

1. 越野车车顶灯的种类

越野车车顶车的种类很多，它们的用途也各不相同，大致分为散射灯、射灯、防雾灯和特殊灯具。

（1）散射灯　散射灯如图 3-7 所示，是一种照射面积和角度非常大（一般可以达到 120° ~ 160°），但是它光线的强度却不是很强。这种灯适合在观察近距离路况和障碍时使用。夜间需要通过相对艰难的路面时，使用散射灯可以清晰地观察路面的范围，是驾驶人能够顺利通过障碍的关键。

（2）射灯　如图 3-8 所示，射灯能够将带有聚光效果的光线聚合在一个较小的范围内，而它的光线射程是最远的，即使高速行驶时，也容易被其他道路使用者察觉。在丛林行驶时，越野车更可利用射灯照射远处的物体，也可在黑夜环境中用以探路、搜寻及营救。

（3）搜索灯　如图 3-9 所示，它能够全方位搜索、定点照射，并且可以遥控；附带指南针功能；360°全方位任意旋转，上、下 90°任意控制；磁吸式安装，无需专业人员操作。

图 3-7　散射灯

图 3-8　射灯

图 3-9　搜索灯

2. 越野车车顶灯的加装

越野车车顶灯加装方式主要有三种：一是通过灯架进行安装；二是通过吸盘进行安装；三是安装在车顶行李架上。在安装时应当注意以下事项：

1）车顶灯的上沿不能超过风窗玻璃的延长线，以避免发动机舱盖反光，甚至引起风窗玻璃反光。

2）避免与原车灯共用电路，必须另外铺设导线，且要用套管包裹，并固定牢靠。

3）灯具需要有单独的保险装置，有条件时最好从原车的熔断器通过，或单独设置熔断装置，并将其放在可靠且明显的位置，车主必须知晓。

4）必须在开关前加装继电器以实现弱电控制强电，确保安全。

5）避免与原车并用开关，有条件的应当将电路与原车示廓灯控制器连接，从而实现车锁处于关闭状态时辅助灯光全部断电，以消除因忘记关灯导致蓄电池过分放电的隐患。

6）灯具与灯线之间最好采用插头连接，这样可方便灯具维修、维护和临时性拆除。

越野车车顶灯安装过程见表3-2。

表3-2 越野车车顶灯安装过程

序号	操作步骤	图示
1	焊接灯架	
2	安装投射灯	
3	安装顶灯	

项目三　汽车越野性能改装

（续）

序号	操作步骤	图示
4	电路连接	
5	功能调试	

任务实施

1. 任务描述
车主诉求：一位北汽BJ40越野车的车主想改装前防护杠。

2. 任务目的
1）掌握防护杠改装的方法。
2）掌握工具的使用方法。
3）能积极地参与任务，能与小组成员团结协作，能执行实训室6S规定。

3. 任务准备
1）知识准备：完成"任务一　越野车防护杠与车顶灯的改装"的学习。
2）设备准备：组合工具、手套、抹布、演示课件（或操作视频）。

4. 任务步骤
1）老师演示或播放视频。
2）学生练习改装前防护杠（或老师演示时同步练习），并完成任务工单相应部分内容的填写。

5. 任务评价

序号	评价指标	评价内容	分值	评分标准	得分
1	选杠	选择款式、颜色与车身相协调的防护杠	15	操作不当扣1~15分	
2	准备	将用于安装的螺栓、电钻、扳手等材料及工具准备好	15	操作不当扣1~15分	
3	清洁	将安装部位清洗干净，并擦干	15	操作不当扣1~15分	
4	钻孔	在汽车的连接部位钻出安装孔	20	操作不当扣1~20分	
5	固定	用螺栓将各防护杠固定在连接部位上	20	操作不当扣1~20分	
6	防锈	为防止锈蚀，在各钻孔安装点均采取防锈措施	15	操作不当扣1~15分	
		总分			

任务二　越野车防滚架及轮胎的改装

任务导入

李先生的越野车开了两年了，发现轮胎的抓地能力明显下降，想对其进行更换，但是李先生对于越野轮胎不甚了解。你能根据自己所学的知识，给李先生一些建议吗？

知识准备

一、越野车防滚架的改装

1. 防滚架改装的目的

防滚架又称内笼、防滚笼，是加装在车身附近的钢管框架。车辆在野外行驶的时候，尤其是从事极限越野驾驶或参加汽车越野比赛的时候，由于地形非常复杂多变或驾驶人判断失误，翻车的事故时有发生。防滚架可以抵御翻车时地面对车厢外层结构的冲击，最大限度地保持车厢外壳的形状，在外壳受压变形的时候撑起车厢内部的空间，防止因车体严重变形而使驾乘人员受伤或是被卡在车内。

2. 越野车防滚架的改装形式

目前，防滚架分为内置式和外置式两种。

（1）**外置式防滚架**（图 3-10）　外置式防滚架一般采用与防撞保险杠相类似的钢管材料，主体与车身的钢架主体和车辆的底盘相连接。有一些防滚架主体与车身框架的主要构件相连接，对车辆形成一个全方位包裹式的防护。

（2）**内置式防滚架**（图 3-11）　内置式防滚架是在驾驶室内部安装，形成了一个内部的防护框架结构。这种防滚架是单独与车辆的底盘相连接的。这种防滚架要求在车辆的地板上钻个与钢管直径相同的洞，以便钢管可以从车厢内钻出去与底盘相焊接，这种防滚架的保护性能非常好。

图 3-10　外置式防滚架

图 3-11　内置式防滚架

3. 越野车防滚架的安装

防滚架安装在车内时，应当尽量靠近车体，但不可以因此拆除车内的装饰部件。前防滚栏或横侧面防滚栏在靠近风窗玻璃框的部分如果不能笔直，则必须顺应风窗玻璃框的弧度。横侧面防滚栏与主防滚栏只可在主防滚栏的拐角处连接。

项目三　汽车越野性能改装

安装防滚架时可以焊接固定，也可以采用螺栓固定，还可以两种方法同时使用。防滚栏、支撑杠及允许选用的加强支撑杠在与车体连接固定时，其固定点必须装有一块加固板。这块加固板若用螺栓固定，则必须放在车体外，用至少3个直径为8mm且质量较好的螺栓固定。

后支撑杠和选用的加强支撑杠的底座及固定板的面积应当至少是标准加固板面积的2/3。若受到固定点位置的限制，其面积至少要达到 60mm^2。斜支撑杠和后支撑杆与主防滚栏之间若不是一个固定点，则其距离必须保持在10cm以内。

防滚架的安装过程见表3-3。

表3-3　防滚架的安装过程

序号	操作步骤	图示
1	清空车架	
2	加强焊点	
3	选择防滚架尺寸	
4	焊接钢管	
5	安装加强件	
6	喷漆	

二、越野车轮胎的改装

1. 越野车轮胎的改装目的

轮胎是车辆与地面唯一接触的部分,它就像汽车的"两只脚"。对越野车而言,其动力、制动性能、越野能力都要通过轮胎来表现出来。所以,越野车轮胎是车辆性能最主要的展现者。

80%以上的越野车在出厂时,标准配置的轮胎为公路轮胎(俗称 HT 轮胎),如图 3-12 所示。这种轮胎胎壁柔软,胎面花纹细密,追求公路行驶的舒适与安静,突出的是公路转向操控性和一定的湿地性能。公路胎在沙地表现尚可,不易刨坑陷车,但在非铺装路面上的通过性能很低,对于越野爱好者来说是需要更换的。

越野车换上非原装的轮胎,不仅可以直接扩大车辆的活动能力,并且换成大轮胎后,给人视觉上的冲击力远胜过轿车,能更好地体现出越野车的威武和野性。

图 3-12 公路轮胎

2. 越野车轮胎的种类

不同的轮胎将给车辆带来不同的性能改变;不同的路面,应该选择不同的轮胎。目前,供越野车使用的轮胎有以下几种。

(1) 全地形轮胎 全地形轮胎(图 3-13)简称 AT(All Terrain)轮胎,是越野爱好者使用最多的轮胎。全地形轮胎的设计比公路胎具有兼容性,全地形轮胎的花纹设计的比较粗犷,胎牙的间距比公路胎略大,这种设计的负面效果是公路性能下降,噪声有所增加,但是耐用性和在非铺装路面上的附着力要强于公路胎,是越野和公路性能兼顾的轮胎。全地形轮胎之间的区别也很大,有侧重于沙地越野的,有侧重于公路行驶的,也有侧重于泥地行驶的。总之,触地橡胶越多,公路操控性越好;触地花纹越少,同时沟槽越深,越野性能越好。

(2) 泥地轮胎 泥地轮胎(图 3-14)简称 MT(Mud-Terrain)轮胎,一般只有越野发烧友和特殊路段工作者才会选用。泥地轮胎壁坚硬,胎牙夸张,胎牙之间的距离明显偏大,便于泥地行驶的时候慢速排泥或高速甩泥,另外在一些恶劣的地面上更容易增加附着力,如凸凹不平的岩石地面。在公路上行驶时,泥地轮胎的噪声很大,当车速低于 10km/h 的时候还会感觉到胎牙的振动。其制动和转向性能都与公路轮胎相差许多,在下雨的铺装路面上行驶时更容易失控。

图 3-13 全地形轮胎

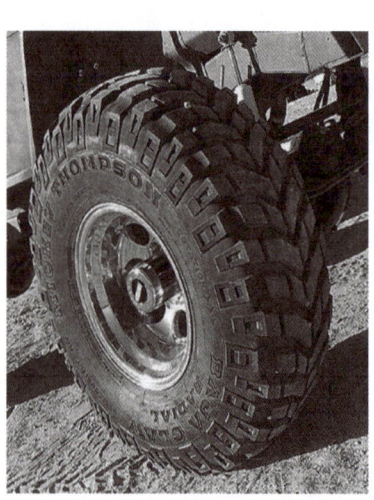

图 3-14 泥地轮胎

(3) **雪地轮胎** 越野车在积雪路面行驶时最好使用雪地轮胎（图3-15）。这种轮胎的花纹与全地形轮胎比较相似，但在它的表面有许多小的突起，这些突起是嵌在轮胎内部的小铁钉。有了这些小铁钉的帮助，当轮胎压过附着力比较小的冰面时，轮胎表面可以嵌到冰面里一部分，这样就确保了车辆在冰面行驶时不会打滑、空转，从而使车辆能够安全地正常行驶。

与普通轮胎相比，雪地轮胎通过特殊的橡胶配方来增大与冰雪路面的摩擦力，它的优点在于提高了冰雪路面的通过性和安全性。雪地轮胎胎面的材质较软，精心配制的二氧化硅混合物橡胶配方能与光滑冰面接触得更紧密，从而产生比四季轮胎更大的摩擦力，使得车辆在光滑冰面上的操控性和安全性大大提高。当温度低于10℃时，雪地轮胎的表面变得更软，从而获得更好的抓地力。普通轮胎正好相反，温度越低轮胎越硬。

(4) **雨林胎** 雨林胎（图3-16）俗称蜈蚣胎，主要用在参加各类有大量泥地的赛事的越野车上。雨林胎的胎牙很夸张，可以滚动几乎是它在公路上唯一的功能了，不过在泥地里它是当仁不让的高手，性能比普通的泥地轮胎强很多。

除了以上常见的越野轮胎，还有一些比较专业但很稀少的轮胎类型，比如攀岩轮胎、沙漠轮胎等。

图3-15 雪地轮胎

图3-16 雨林胎

3. 越野车轮胎的选用

轮胎是汽车动力输出最直接的承载体，一款好的轮胎可以增加30%~50%的抓地能力。在选购越野轮胎时应注意以下问题：

(1) **尺寸搭配** 换大轮胎可以升高车辆底盘，但是轮胎并不是可以无限放大的。轮胎越大，传动系统的阻力就越大。在没有更换变数齿轮的情况下，更换过大的轮胎会导致车辆动力的损失，严重的时候，甚至会造成传动系统的硬性损伤断裂，使车辆不能正常使用。

(2) **轮毂** 好轮胎必须配好轮毂。从耐用和遵守相关法律角度出发，大多数的越野车在出厂时都是配置偏位为正值的轮毂，如果想要轮胎外张（加宽轮距），换用负值轮毂是最好的选择。

目前，市面上常见的负值轮毂有铝合金轮毂和锻铁轮毂两种，表面的处理更是多种多样。铝合金轮毂售价稍高，不易变形，越野之外也适合高速行驶；锻铁轮毂价格便宜。国内常见负值通常为-25，还可以订做特殊孔距，表面处理以黑色、白色、电镀居多。

4. 越野轮胎的安装

越野轮胎的安装过程见表3-4。

表3-4 越野轮胎的安装过程

序号	操作步骤	图示
1	选择轮胎	
2	抬高车身	
3	拆卸轮胎	
4	更换轮胎	
5	四轮定位	

1. 任务描述

车主诉求：一位牧马人越野车的车主想将自己爱车的轮胎改装成越野轮胎。

2. 任务目的
1) 掌握越野车轮胎改装的方法。
2) 掌握拆装工具的使用方法。
3) 能积极地参与任务，能与小组成员团结协作，能执行实训室 6S 规定。

3. 任务准备
1) 知识准备：完成"任务二　越野车防滚架及轮胎的改装"的学习。
2) 设备准备：组合工具、轮胎扳手、千斤顶、手套、抹布、演示课件（或操作视频）。

4. 任务步骤
1) 老师演示或播放视频。
2) 学生练习改装轮胎（或老师演示时同步练习），并完成任务工单相应部分内容的填写。

5. 任务评价

序号	评价指标	评价内容	分值	评分标准	得分
1	选胎	按照需求选择与原车相匹配的轮胎	10	操作不当扣 1~10 分	
2	准备	将用于拆卸安装材料及工具准备好	10	操作不当扣 1~10 分	
3	清洁	将安装部位清洗干净，并擦干	10	操作不当扣 1~10 分	
4	拆卸	用轮胎扳手旋松螺钉	10	操作不当扣 1~10 分	
		用千斤顶将车辆支撑起来	10	操作不当扣 1~10 分	
		拆卸固定轮胎的螺钉	10	操作不当扣 1~10 分	
5	检查	给新的越野轮胎做动平衡	20	操作不当扣 1~20 分	
6	安装	安装越野轮胎（按与拆卸相反的顺序）	20	操作不当扣 1~20 分	
		总分			

任务三　越野车绞盘的加装

绞盘被称作"4×4 的第五驱动"，是越野必不可少的救援装备之一。当车辆在沼泽、沙漠以及泥泞等恶劣环境中行驶的过程中陷入不能移动的困境时，绞盘就是脱困最有效的工具。那么，加装绞盘时需要考虑哪些因素？如何对绞盘进行加装和使用？

一、绞盘的作用和种类

1. 绞盘的作用
绞盘（图 3-17）是越野车自我保护及牵引的装置，可在雪地、沼泽、沙漠、海滩和泥泞山路等恶劣环境中进行车辆自救，并可在其他条件下，进行清障、拖拉物品、安装设施等作业。

2. 绞盘的种类
绞盘按其原动力的不同可分为机械绞盘、电动绞盘、液压绞盘和车轮绞盘 4 种，其特点详见表 3-5 所示。

图 3-17 绞盘

表 3-5 常见绞盘种类

种类	动力源	优/缺点
机械绞盘	以分动箱输出的动力为动力源	优点：能持续提供较大的拉力，单次使用时间长（不存在发热问题），可以提供多方向拉力（前、后，甚至左右），是军用车辆或高性能越野车的最佳选择
		缺点：必须使用发动机动力，即在发动机因进水等原因无法工作时无法使用；分动器失去绞盘方向驱动力时也无法使用
电动绞盘	依靠车辆自身的电力系统驱动	优点：可以在车辆熄火的情况下正常使用（这是它最大优点，也是其他绞盘无法比拟的），尤其在水多的地区有很大优势，安装简单可以实现多位置安装及迅速移位，是越野车最常用的一种绞盘
		缺点：不能维持长时间的使用（车辆自身电力系统局限性、自身易发热等原因），大部分电动绞盘能提供的驱动力较小，只能向一个方向施加力量（安装于车前只能向前拉，安装于后部只能向后拉）
液压绞盘	以车辆的动力/助力转向系统为动力源，使用助力转向泵提供原动力	优点：安装方便，由于其外部固定部分基本实现了通用化，甚至在野外即可实现互换，驱动力界于电动和机械绞盘之间，极少发生高温
		缺点：和机械绞盘一样，必须使用发动机驱动力，即必须保持发动机运转，且一旦动力转向系统出现故障，则无法使用（在部分越野情况下，动力转向系统容易受到外界破坏）
车轮绞盘	由车辆的轮轴提供驱动力，使用越野车轮的6颗固定螺钉中的4颗进行固定	优点：这是一种比较新的绞盘系统，安装和拆卸极其简便（和换轮胎是一个步骤），重量极轻（比任何一种其他绞盘都轻，不会给前悬带来的额外重量），价格便宜，可提供前、后双方向拉力
		缺点：由于其力量点是轮轴，所以位置太低，造成部分条件下无法使用，而且必须使用发动机动力

绞盘按其用途不同可以分为 ATV 绞盘、越野绞盘、卡车绞盘、工业绞盘等，根据某些行业的特性，还有防水绞盘和防爆绞盘等。

二、绞盘的选购与安装

1. 绞盘的选购

（1）看拉力　绞盘型号中的阿拉伯数字表示最大拉力。选购绞盘的原则一般是以车辆自重的1.5倍拉力为宜。因为绞盘型号上标称的是最大拉力，但实际使用中这是极限。如果车辆长时间在发动机的极限下使用，必然会影响其使用寿命。同样在极限状态下，绞盘会发生钢缆拉断、电动机烧毁的事故，严重的会造成旁观者受害，车辆也可能因此而失控。

（2）看电动机　电动绞盘（图3-18）的动力部分（即电动机）有两种，即永磁电动机和串磁电动机。前者有动作快、功率大、适合长时间卷拉和造价高等特点，而后者则有电流小、结构简单和造价低的优势。现在车辆的蓄电能力较大，所以目前主流的越野车绞盘的大功率电动机多使用串磁电动机。判断一个绞盘用的是永磁电动机还是串磁电动机，只要数一下控制盒输出到电动机部分的线路条数就可以判断出来，两条线的是永磁电动机，三条线的是串磁电动机。

（3）看品牌　国际上比较有名的绞盘品牌有RAMSEY、WARN、SUPERWINCH。在国内，金润品牌较为常见，其他品牌有T-MAX、东风、联达、天顺等。

（4）看价格　在国内，进口绞盘的零售价大约占车价的1/40；国内品牌绞盘在价格上具有明显的优势，比如RUNVA在保证性能一样的情况下，价格只有进口绞盘的1/3。

图3-18　电动绞盘

2. 绞盘的安装

（1）绞盘的安装形式　同级别的绞盘的安装尺寸是一样的，托盘等附件可以通用。绞盘的安装形式一般有外置式、隐藏式和快装式3种。

1）外置式绞盘。外置式绞盘是将绞盘直接安装在保险杠外部。例如吉普牧马人和BJ2020这样的品牌越野车，由于前保险杠突出车身，所以有较自由的安装空间，只要把托盘固定在保险杠上，就可以在托盘上直接固定绞盘。

2）隐藏式绞盘。隐藏式是将绞盘安装在保险杠内侧，如图3-19所示。例如豪华SUV需要协调的外形，原厂为它设计了专用保险杠，绞盘可以安装在里面。

图3-19　隐藏式绞盘

3）快装式绞盘。快装式绞盘中配备有快装机构，可在车上实施快速安装，如图3-20所示。

图 3-20 快装式绞盘

（2）**绞盘的安装步骤** 绞盘的安装并不复杂，但却是最重要的一步，因为它直接关系到以后各步骤及绞盘的使用效果。最重要的是注意绞索鼓轮的状况，开始之前及整个使用过程中都要确保绞索的均匀缠绕。其具体安装过程如下：

1）插入遥控器。将遥控器连线端头插入绞盘。

2）不要让遥控器连线悬垂。驾驶人可在驾驶座上操作遥控器，把多余的连线绕在车侧后视镜上，工作起来更方便。

3）拉开绞索，用遥控器将绞索放出一点，然后打开安装在绞盘侧面的绞索钩。

4）打开离合器。注意，一定要在打开钩子以后再打开离合器。

5）用手握住绞索钩。将绞索从鼓轮上拉下时，用一只手握住绞索钩。

6）将绞索拉到支点后，锁上离合器。绞盘准备完毕。

三、绞盘的使用与保养

1. 绞盘的操作步骤

（1）**固定支点** 不管使用什么样的绞盘，如果没有安全的支点，就无法充分发挥其作用。也就是说，固定支点是使用绞盘至关重要的一步。绞盘工具套装如图 3-21 所示。

在使用绞盘时，需要用一根带子来连接绞盘、支点及绞索钩和 U 形吊耳。如果绞盘没有足够的力量用单线拖动重物，就需要用双线增强其拉力，还需要一个紧线滑轮。

注意，用树作支点时，要使用带子最宽的部分接触树，以免带子勒到树皮里毁坏树木，而且一定要将带子的左、右两端分别绑在吊耳两侧，两边的带子长度要一样。

（2）**拖拉** 用绞盘进行拖拉的具体步骤为：

图 3-21 绞盘工具套装

项目三　汽车越野性能改装

1）检查鼓轮。开始之前，一定要保证绞缆整齐地绕在鼓轮上。

2）如果绞缆脱出，应防止它来回甩动。如果绞缆绷断了，来回甩动的绞缆可能非常危险。为避免这种危险的发生，应在绷紧的绞缆上放一块垫子。

3）开始拖拉车辆。如果用绞缆拉自己的汽车，最好有一个人在车外帮助驾驶人，这样，驾驶人可以根据车外指挥者的指令，在车上操纵绞盘。

4）如果绞缆绞在一起了，一定要把它拉开。绞缆绕上鼓轮时很容易交叉或是在一侧变得不平整，要密切注意它的状态。

5）当车辆能够自由行驶时，拖拉就完成了。一旦车辆回到完好路面上，要检查车辆和绞缆的状况。如果车辆不靠外力即可行驶，使用绞盘拖拉的过程就结束了。

6）把绞缆卷好。拉紧绞缆，小心地卷好。如果绞缆在鼓轮上交叉或扭曲，要先完全解开，然后重卷。

7）放好绞索钩。当绞缆只剩下最后一点时，把绞索钩绑在绞盘侧面，然后把剩下的一点绞缆卷起来，把绞索钩压住。

8）拆下遥控器。

2. 绞盘的保养（表3-6）

绞盘常在恶劣条件下使用。因此，日常的使用会严重影响其使用寿命，一定不能忽视日常保养。

表3-6　绞盘的保养

步骤	图示
绞盘内部容易进水，需要经常拆解并保养（建议1年1次），更换润滑脂和检查齿轮	
绞缆如果出现死摺、断丝等情况，需要及时更换	
检查离合器是否有打滑的情况	

(续)

步骤	图示
尽量避免过多地涉水	
绞盘的继电器需要经常检查是否正常，触点有无灼烧的情况，并接好绞盘的地线；减少长时间不间断操作绞盘，以免继电器过热	
使用完毕以后，一定要把绞索松开，并重新缠好，然后收起来。如果绞盘和绞索弄脏了，一定要彻底清洁。常用一点润滑剂保养，有助于防锈。如果一次使用绞盘的时间较长，会给蓄电池带来额外的负荷，因此蓄电池应该经常检查和保养	

1. 任务描述
车主诉求：一位丰田普拉多越野车的车主想更换电动绞盘。

2. 任务目的
1）掌握更换电动绞盘的方法。
2）掌握拆装工具的使用方法。
3）能积极地参与任务，能与小组成员团结协作，能执行实训室6S规定。

3. 任务准备
1）知识准备：完成"任务三　越野车绞盘的加装"的学习。
2）设备准备：组合工具、手套、抹布、演示课件（或操作视频）。

4. 任务步骤
1）老师演示或播放视频。
2）学生练习安装绞盘（或老师演示时同步练习），并完成任务工单相应部分内容的填写。

5. 任务评价

序号	评价指标	评价内容	分值	评分标准	得分
1	插入遥控器	将遥控器连线端头插入绞盘	10	操作不当扣1~10分	
		不要让遥控器连线悬垂。驾驶人可在驾驶座上操作遥控器，把多余的连线绕在车侧后视镜上，工作起来更方便	10	操作不当扣1~10分	
2	拉开绞索	用遥控器将绞索放出一点，然后打开安装在绞盘侧面的绞索钩	20	操作不当扣1~20分	
3	打开离合器	注意，一定要在打开钩子以后再打开离合器	20	操作不当扣1~20分	
4	用手握住绞索钩	将绞索从鼓轮上拉下时，用一只手握住绞索钩	20	操作不当扣1~20分	
5	锁上离合器	将绞索拉到支点后，锁上离合器。绞盘准备完毕	20	操作不当扣1~20分	
		总分			

项目四 汽车发动机改装

通过完成本任务的学习，应达成以下目标及要求：
1. 了解发动机改装的目的。
2. 掌握改变发动机压缩比的方法。
3. 掌握曲柄连杆机构改装的基本知识。
4. 掌握配气机构改装的基本知识。
5. 掌握燃油供给系统改装的基本知识。
6. 了解进气系统与排气系统改装的基本知识。

任务一 发动机改装概述

张先生3年前买了一辆2.0L马自达轿车，随着马路上新车越来越多，他感觉自己的爱车明显有些"力不从心"，于是他想对爱车的发动机进行改装。发动机的动力改装工艺是最复杂的，也是最有效和价格最昂贵的改装项目。本任务介绍发动机改装的技术要求和注意事项。

一、发动机改装的目的、技术要求和注意事项

1. 发动机改装的目的

汽车动力性和燃油经济性的提升主要与发动机的技术改装有关。汽车要有强劲的动力输出就得先有强劲的发动机，只有进行发动机的内部改装才能够最大限度地提升汽车动力性能。

2. 发动机改装的技术要求

发动机内部组件的改装主要是利用轻量化、高强度的材料制成的高精密度组件以减少内部动力的损耗，除了达到提升动力的目的，还要兼顾可靠性及平衡性提升。要兼顾轻量化和高强度则有赖于材料科技的进步，高科技合金或复合材料的应用配合精密加工技术，使得现代的高性能发动机不但单位容积所能产生的动力大幅提升，可靠性及燃油经济性也能同时获得改善。

3. 发动机改装的注意事项

在对发动机内部组件进行改装时，除了必须特别注意材料的选择、制作精度及平衡度的要求外，更不能忽略各组件间的搭配。发动机的改装往往牵一发而动全身，单对某一部分进行改装通

常会破坏发动机的平衡,而且效果不明显。因此,在对发动机进行改装时,必须进行各配件的匹配,否则会因小失大,得不偿失。

发动机的改装对改装师技术水平的要求非常高。发动机是汽车的"心脏",工作环境非常复杂,既有超高温的燃烧室(温度接近1000℃),又有运转速度非常高的精密机械结构,因此要求改装师对相关仪器设备要有丰富的使用经验,并且拥有较高的理论水平。除了技术复杂性的原因外,由于发动机内部更换了一些高性能部件后,会使原厂设定的数据不能再用,而改装装备制造商提供的数据并不一定能与其他部件配合,因此在装配过程中要求改装师能自行计算、设定一些数据,否则稍有不慎便会导致爆燃等不良后果,甚至会导致气缸爆裂等严重损坏,因此一定要确定改装师的技术水平后才可以进行改装。安装时的工艺也是一个重要因素,例如,连杆在安装时必须特别注意螺钉的锁法及紧度,锁螺钉时应该先充分地清洁并涂上一薄层机油,避免螺纹牙间产生异常的应力造成螺钉虽按照规定的力矩锁紧但却无法达到应有的预紧度,以致发动机运转后会由于预紧度的不足而造成轴承严重受损。

二、发动机压缩比的改装

压缩比是气缸总容积与燃烧室容积的比值。改变压缩比可提高发动机的动力,但是改装过程必须要求严谨,因为压缩比会直接影响燃油的燃烧效率,并且和点火正时的设定有密切的关联。

提高汽车发动机压缩比的方法主要是减小燃烧室容积,包括磨削气缸盖、在燃烧室内增加固定物、使用较薄的气缸垫、更换活塞等,使活塞头部与气缸盖围成的燃烧室容积减小,甚至可以增加连杆的长度或者增加曲轴的回转半径。压缩比的提高会对发动机的强度产生影响。适当地提高压缩比,采用高辛烷值的燃料,可提高发动机的性能。过多地改变压缩比,会产生爆燃现象,对发动机产生较大的伤害,发动机的使用寿命会缩短。

(1) 磨削气缸盖 适当地磨削气缸盖可以使原先不平整的气缸盖得以修平。气缸盖平面度的极限值是0.20~0.30mm,曲轴回转半径的极限值是0.3mm,因此,在通过磨削气缸盖来提高发动机的压缩比时,磨削的厚度不应超过两者的极限值0.3mm。

(2) 在燃烧室内增加固定物 在燃烧室内增加固定物是提高压缩比比较简单的方法,即通过在燃烧室内固定一个占一定体积的物体,减小燃烧室内气体的体积来提高压缩比。

(3) 更换较薄的气缸垫 气缸垫在燃烧室占有一定的容积,通过减小气缸垫的厚度或换用薄的钢制气缸垫(图4-1),可以使燃烧室的容积减小,相应地可以使压缩比增大。

图4-1 气缸垫

(4) 更换活塞 更换活塞的主要目的是减小燃烧室的容积,可以提高活塞的强度,减轻活塞的重量及活塞和气缸之间的摩擦力,使活塞抵御更大的燃烧压力,令其往复运动更顺畅,能偶尔承受长时间的高负荷运作。

活塞主要有铸造活塞和锻造活塞两种,铸造活塞比锻造活塞更加便宜,但无法像锻造活塞那样承受较大的热度和压力。通常改装厂在设计锻造活塞时,都会同时利用改变活塞顶部的形状来提高压缩比。

对高压缩比活塞来说，由于必须保留气门运动所需的空间，因此会在活塞顶部切出气门边缘形状的凹槽，如果没有这个凹槽，当活塞到达上止点时可能就会打到气门，因此改装了高压缩比活塞后对气门动作精确度的要求就必须非常严格，凹槽的大小也必须配合凸轮轴及气门摇臂的改装而改变。

(5) 更换连杆　连杆的长度可以确定上、下止点之间的距离。如果增加连杆小头与大头之间的长度，就会改变上、下止点间的距离，使得燃烧室的容积变小，进而增大压缩比。常采用的高压缩比、轻量化连杆比原厂连杆更细、又不损失强度，加工工艺更加细致，可减少运动部件的惯性，如图 4-2 所示。

通过上述方法对发动机的压缩比进行改装时应注意，不论采取哪种方法，都应在小范围内变动。这是因为发动机的设计都是经过核算的，当压缩比超过 12.5∶1 时对发动机性能的提升效果就变得很小，而且伴随而来的是气门和活塞相对距离不足、爆燃、预燃及其他问题，从而使故障变得很复杂。因此，在改变压缩比之前必须先知道气门的升程和凸轮轴所设定的气门开启时间、正确的进气门和排气门的尺寸以及燃烧室的形状及尺寸。此外，如果气缸头部曾经研磨过或使用了薄的气缸垫片，其相关的数据应一并考虑。

图 4-2　高压缩比轻量化连杆

1. 任务描述
请同学们进行市场调研，参考网络数据，写 1 份发动机改装市场的前景调研报告。

2. 任务目的
1）了解发动机改装的市场需求及发展前景。
2）能够撰写条理清晰的调研报告。
3）能积极地参与任务，能与小组成员团结协作。

3. 任务准备
1）知识准备：完成"任务一　发动机改装概述"的学习。
2）材料准备：提供调研范围及参考资料网站。

4. 任务步骤
1）下发参考资料。
2）学生撰写调研报告，并完成任务工单相应部分内容的填写。

5. 任务评价

序号	评价指标	评价内容	分值	评分标准	得分
1	文体格式	包含"情况、问题、意见"或"情况、经验、启示"3 项	20	酌情扣分	
2	字数	不少于 3000 字	10	酌情扣分	
3	语言逻辑性	语言流畅、精炼、准确；立论鲜明有力，逻辑性强	15	酌情扣分	

项目四　汽车发动机改装　　77

（续）

序号	评价指标	评价内容	分值	评分标准	得分
4	基本素材	数据真实、准确、翔实，情况全面、具体	15	酌情扣分	
5	问题分析	问题分析或经验总结准确、深刻，能见微知著	20	酌情扣分	
6	意见建议	启示或意见建议应能方便地转化为具体工作举措，易于操作，能较好地指导工作实践	20	酌情扣分	
总分					

任务二　曲柄连杆机构的改装

任务导入

Nissan GTR R32 原装发动机最大功率仅有 280 马力（1 马力 =0.7355kW），在改装过后最大功率可达 500 马力，但是发动机工作时容易爆缸。要想真正延长发动机的使用寿命，增加发动机转速的极限，就需要依赖于发动机内部零件的强化，例如采用铝合金锻造的活塞和连杆，在极大的压力下冲压而成，铝合金分子更有效、紧密地排列，强度大幅提升，材料的延展性增强，非常适合改装后的发动机。

知识准备

一、活塞的改装

活塞是汽车发动机的"心脏"，承受交变的机械负荷和热负荷，是发动机中工作条件最恶劣的关键部件之一。活塞的作用是承受气体压力，并通过活塞销传给连杆驱使曲轴旋转，活塞顶部是燃烧室的组成部分。活塞的材料是铝合金，其主要优点是重量轻，但却存在着膨胀率较大的问题，所以在活塞的设计时考虑其特性，将它设计成椭圆及上、下锥体的形状，以减缓受热膨胀后所造成的变形，并减小活塞与气缸的间隙，防止"冷敲热拉"。

活塞的制造主要有铸造和锻造两种。铸造的铝合金活塞，材料的紧密度低，而且比较"脆"，遇到高负荷时很容易开裂，在高压缩比的发动机上，常伴随爆燃、敲缸现象，铸造品是无法承受此种负荷的，所以对于重度改装的高功率的发动机，提高了压缩比、增加了涡轮增压或氮气加速系统时，需要采用锻造活塞。

锻造的铝合金活塞是使用固定的模具在极大的压力下冲压而成的，这个过程让铝合金活塞的分子能更有效、紧密地排列，使强度得以大幅度提升，并使材质延展性相对增强。铝合金活塞中的硅含量高，就能使活塞在遇热时减小其膨胀系数。所以，道路型的重度改装车辆或中度改装的耐力赛发动机，可选择高含硅量的锻造活塞（图 4-3）。

更换改装活塞时的注意事项：

1）注意平衡。为了减轻活塞连杆组在工作中产生的惯性力的影响，要求同一台发动机上的活塞统一更换。

2）注意方向。活塞与连杆组装以及活塞连杆组装入气缸时都有方向要求。一般来说，活塞顶部的记号（箭头、三角形或小缺口等）应朝向立式发动机的前方；有特殊结构的，按使用说明书的规定安装。

3）注意清洁。活塞环的边间隙很小，所以更换前一定要将活塞及活塞环清洗干净。如果活塞表面粘有杂质，将造成"拉缸"和气缸压缩力下降。清除涂有防锈蜡的活塞时，应特别注意清理环槽底部的小孔，以防止残留的防锈蜡阻碍润滑油流回油底壳而烧润滑油。

二、活塞环的改装

活塞环是一种具有较大向外扩张变形的金属弹性环，它被装配到剖面与其相应的环形槽内。活塞环分为气环和油环两种，普通发动机每个活

图 4-3　锻造活塞

塞各有 2~3 个气环及 1 个油环，活塞环能维持气缸内的气密性，将气缸与曲轴箱隔绝开来，让燃烧室的气体压力不会流失，并能避免未完全燃烧的混合气对曲轴箱内的润滑油造成污染及使其劣化。活塞环能利用与气缸壁的接触把活塞所受的热量传至气缸壁和水套，能防止过多的润滑油进入燃烧室，并让润滑油均匀地涂满气缸壁。

为了提高活塞环的密封性，减少磨损，延长其使用寿命，新型活塞环被不断研制成功，为活塞环的升级改装提供了有利条件。

1）薄型活塞环。新一代的发动机都使用了较薄的活塞环，即薄型活塞环。在改装中有通过减薄活塞环进行升级的。薄型活塞环有低摩擦、高输出、气密性佳等优点，其唯一缺点是耐久度不好。

2）无开口活塞环。这种活塞环运用双重组合而找不到缺口，可克服活塞必须预留大尺寸间隙的困扰，也能达到气密的功效。

3）不锈钢及特殊合金的活塞环。这些特殊材料的活塞环可以在活塞上行时释放压力，在活塞下行时保持密闭的状态以维持压力。该活塞环虽价格较高，但是却能有效提高发动机的效率。

由于活塞与活塞环都必须在高温、高压、高速及临界润滑的状态下工作，因此长久以来改装厂都在为提供最佳设计而努力。发动机的性能是所有机件整合的结果，因此选择活塞套件时必须考虑凸轮轴的正时角度、供油系统的配合才能找出最佳搭配组合。

三、连杆和曲轴的改装

1. 连杆的改装

活塞连杆最基本的功能是连接活塞和曲轴，把活塞的直线运动转换成曲轴的旋转运动。在发动机工作时连杆会承受油、气燃烧产生的爆发力，这个爆发力会使连杆有扭曲的趋势，连杆是发动机所有组件中承受负荷最大的组件。在活塞上、下运行时，连杆会不断地加速及减速，尤其在活塞抵达上止点时，连杆的运动方向会由往上突然减速至停止，并立刻改变运动方向，这最容易造成连杆损伤。在做功行程过程中，燃烧产生的高压气体可变成连杆运动的缓冲，连杆轴承、活塞销所承受的负荷会减轻。在排气行程过程中，活塞、活塞环、活塞销及连杆本身的部分重量所造成的惯性力都会加在活塞销及连杆轴承之上，如果这时连杆出了问题，就会对发动机造成较大损伤。

现在的赛车发动机大多使用锻造的合金连杆（图 4-4），改装的连杆的品质关系着发动机的可靠性，但是却无法以肉眼检视连杆的品质或瑕疵，必须用特殊的非破坏检验或 X 射线检测，这是选购及改装连杆的最大隐忧。

a) 钛合金锻造连杆　　　　　　　　　　　　b) 普通连杆

图 4-4　钛合金锻造连杆与普通连杆

对连杆各项尺寸精密度的要求会随着压缩比及运转转速的提高而提高，即使仅是很小的尺寸误差，在高转速时都会造成活塞间隙明显的变化。如果用了强度不足的连杆，在高转速时由于惯性作用会使连杆长度变长，造成发动机的损害或是压缩比的增大。在活塞连杆的组件中，对于尺寸要求最严格的是连杆轴承，这也是最可能导致连杆损害的组件。所以对赛车或高性能发动机来说，应该尽可能地使用最高品质的轴承，以确保发动机的可靠度。连杆的改装不仅应考虑材料品质和加工工艺的提高，还需要考虑到轻量化的需要。提高连杆及其轴承的强度和改善连杆轴承的润滑效果是连杆改装的重点。

2. 曲轴的改装

曲轴（图4-5）是发动机的主要旋转机件，它与连杆配合将作用在活塞上的气体压力变为旋转的动力，传给底盘的传动机构，并驱动配气机构和其他辅助装置。

发动机工作时，曲轴承受气体压力、惯性力及惯性力矩的作用，受力大而且受力复杂，并且承受交变负荷的冲击作用；同时，曲轴又是高速旋转件，因此要求曲轴具有足够的刚度、强度和平衡度，具有良好的承受冲击载荷的能力，耐磨损且润滑良好。

曲轴的改装主要围绕着高速平衡和轻量化进行，关键是曲轴的平衡，防止发生扭转振动。要达到的目标就是在一个更高的转速范围内，获得平衡，减小振动。

图 4-5　曲轴

曲轴平衡度和转速范围有一定的关联性。对4缸16气门的发动机而言，最高的转速为5000~6000r/min，因此作为跑车平衡点达到6000r/min即可。但是普通的汽车或一般意义上的动力改装，如果照顾高转速下的运转平衡，其低速域的平衡值就可能变差，导致曲轴的振动，从而影响轴承的使用寿命。因此，首先要确定发动机主要的转速范围和最高转速，曲轴平衡的区域应尽可能保持在发动机最常使用的转速范围。

曲轴的各相对角度必须正确，否则点火正时和气门正时就无法精确、有序地运作。曲轴的主轴承和连杆轴承都必须有适当的间隙，以使润滑油能够流动产生润滑和冷却效果。如果间隙太小，气缸壁、活塞、气门等就无法获得充分的润滑，会造成机件的磨损。

1. 任务描述

请同学们进行市场调研，参考网络数据，写1份关于曲柄连杆机构改装的调研报告。

2. 任务目的

1）了解曲柄连杆机构改装的优点和缺点。
2）能够撰写条理清晰的调研报告。
3）能积极地参与任务，能与小组成员团结协作。

3. 任务准备

1）知识准备：完成"任务二　曲柄连杆机构的改装"的学习。
2）材料准备：提供调研范围及参考资料网站。

4. 任务步骤

1）下发参考资料。
2）学生撰写调研报告，并完成任务工单相应部分内容的填写。

5. 任务评价

序号	评价指标	评价内容	分值	评分标准	得分
1	文体格式	包含"情况、问题、意见"或"情况、经验、启示"3项	20	酌情扣分	
2	字数	不少于3000字	10	酌情扣分	
3	语言逻辑性	语言流畅、精炼、准确；立论鲜明有力，逻辑性强	15	酌情扣分	
4	基本素材	数据真实、准确、翔实，情况全面、具体	15	酌情扣分	
5	问题分析	问题分析或经验总结准确、深刻，能见微知著	20	酌情扣分	
6	意见建议	启示或意见建议应能方便地转化为具体工作举措，易于操作，能较好地指导工作实践	20	酌情扣分	
		总分			

任务三　配气机构的改装

斯巴鲁Impreza汽车的GT原厂气门弹簧强度有限，在发动机转速升到7200r/min后就会造成气门无法立即回弹关闭。将GT原厂气门弹簧改装成STI气门弹簧后，就可以解决此问题，尤其是对高速行驶更为有利。配气机构的零件改装对于充分发挥发动机的性能具有重要的意义。

一、气门的改装

气门改装的原则是：在不影响强度的情况下，尽可能减轻气门的重量。动作精确的气门是高性能发动机的基本要件，专业改装厂通常会提供不同的气门组合供消费者选择，发动机的改装项目越多，气门机构精确度的要求就越高，所以设定气门时必须同时考虑与凸轮轴及气门摇臂的配合。原厂的气门通常都有适当的材质和大小，但是如果有需要，可适度地换上较大或较小尺寸的气门。

气门的材质是很重要的，目前的改装用气门通常用钛合金作为材料，以求强度的提升及满足轻量化的要求，但是一套钛合金的气门价格并不低。有的改装是将气门的背部切削或用中空的设计以达到轻量化的目的，有的改装是把气门表面做成漩涡状，以利于气门开启时气体的流动。

气门的热量可由与之接触的气门座散掉。因此，气门座的配置必须非常谨慎。如果太靠近气门的边缘或是气门边缘太薄了，就可能造成密合度不良。气门套筒和气门间的精密度及表面平滑度，气门摇臂与气门固定座间的表面精度都必须严格要求，否则在高转速时将会导致严重的损伤。

二、气门套件的改装

1. 气门弹簧的改装

气门弹簧（图4-6）负责为气门关闭提供动力，是气门复位的装置。气门是由凸轮轴的凸起部位推动，向下开启以完成进气和排气的动作，完成这一动作后发动机就会进入压缩和做功行程，此时需要气门迅速落座以保证燃烧室处于密封状态。气门弹簧负责为气门落座提供动力，使其迅速准确地完成落座的动作。除此以外，气门弹簧还肩负着吸收气门开启和关闭过程中的惯性力的作用，防止配气机构的正常工作被破坏。气门弹簧一般由中碳铬钒合金或硅铬钢丝制成，拥有足够的刚性和疲劳强度以应对频繁的往复负载，并保持适当的弹力。

图4-6 气门弹簧

气门弹簧要承受频繁的交变负荷，为了保证气门弹簧能够可靠地进行工作，要求气门在保持合适弹力之余，还要拥有足够的强度和疲劳强度。气门弹簧的强度设定必须恰到好处，要兼顾气门的密合度又不能造成开启时的困难。如果弹簧强度过大，以致凸轮轴开启气门时负荷过大，对发动机的动力输出是非常不利的。气门的固定座是用夹子把弹簧固定在气门杆上，这在急加速及升程大的发动机上会造成气门的扭曲或断裂，因此必须配合各项参数做改变。

2. 摇臂的改装

原厂的气门摇臂在达到发动机的转速上限，或在改变气门正时后就可能满足不了发动机进、排气的需求，此时需要对气门摇臂进行强化、改进。升程太大的凸轮轴会造成气门摇臂的扭曲，所以需要对气门进行强度的提升及轻量化的改进。对一般的气门来说，摇臂采用滚筒式与气门座接触，能够减小接触表面的压力，也能承受来自推杆较高的压力。一般气门摇臂若有圆滑的表面和滚动轴承，会使运转时的摩擦阻力变小，摩擦阻力越小，所消耗的动力就越小。

三、凸轮轴的改装

凸轮轴是配气机构的核心部件，气门的启闭正时角度、气门重叠、升程都是由凸轮的形状决定的。目前，凸轮轴改装主要是换用高角度凸轮轴。

凸轮轴工作角度超过280°就可称为高角度凸轮轴。高角度凸轮轴不仅工作角度大，其升程也大，使得发动机进气量增多，发动机高转速时动力提高。但是随意加大凸轮轴的工作角度，会使气门重叠角大增、低转速时气门漏气率高、怠速异常不稳，也会因为真空度的下降使制动总泵助力器助力减弱，原厂行车ECU收取数据移位。这种低转速乏力、高转速动力大增的情况，使得汽车无法适应街道行车，只能运用于竞赛。从理论上讲，有好的低转速反应就不能同时提供高转速时的强大动力输出，而有高转速时强大的动力输出就无法兼顾低转速时的稳定性。因此，凸轮轴在改装时要遵循协调与平衡的原则。动力平衡关系到各缸的喷油量、进气量、点火提前角大小等；对于机件的重量平衡，应在确保强度的前提下尽量减轻重量，以减小往复运动的惯性力。将平衡做好，各缸间的动力一致，就会有高功率输出和耐久的表现。

 任务实施

1. 任务描述

请同学们进行市场调研，参考网络数据，写 1 份关于配气机构改装的调研报告。

2. 任务目的

1）了解汽车配气机构改装的优点和缺点。
2）能够撰写条理清晰的调研报告。
3）能积极地参与任务，能与小组成员团结协作。

3. 任务准备

1）知识准备：完成"任务三　配气机构的改装"的学习。
2）材料准备：提供调研范围及参考资料网站。

4. 任务步骤

1）下发参考资料。
2）学生撰写调研报告，并完成任务工单相应部分内容的填写。

5. 任务评价

序号	评价指标	评价内容	分值	评分标准	得分
1	文体格式	包含"情况、问题、意见"或"情况、经验、启示"3 项	20	酌情扣分	
2	字数	不少于 3000 字	10	酌情扣分	
3	语言逻辑性	语言流畅、精炼、准确；立论鲜明有力，逻辑性强	15	酌情扣分	
4	基本素材	数据真实、准确、翔实，情况全面、具体	15	酌情扣分	
5	问题分析	问题分析或经验总结准确、深刻，能见微知著	20	酌情扣分	
6	意见建议	启示或意见建议应能方便地转化为具体工作举措，易于操作，能较好地指导工作实践	20	酌情扣分	
		总分			

任务四　燃油供给系统的改装

任务导入

发动机的最佳空燃比为 14.7∶1，但若在高转速、高负荷时想获得较高的发动机动力输出，通常要将空燃比提高到 12∶1 ~ 13∶1，而燃油供给系统的改装就是要"适当、适量地提高供油量"，让空燃比适度变小。这"适时"与"适量"也是判断燃油供给系统优劣的依据。燃油供给系统的改装可以从硬件改装和软件改装两方面着手。

知识准备

一、燃油系统硬件的改装

燃油系统硬件改装的目的是提高单位时间的供油量,主要包括加装调压阀和更换喷油器。

1. 加装调压阀

多点喷射系统中的压力调整器负责对喷油器提供一个固定的压力,压力越大在相同的喷射时间内喷出的燃油量越多。调压阀安装在压力调整器之后的回油管上,经调整可将喷油器的喷油压力提高(一般可提高约200%),进而实现在不改变原车供油模式的情况下增加喷油量(可增加5%~10%)。加装调压阀可认为是燃油供给系统改装中成本最低的一项,其安装方法很简单,只是在调整压力时,需借助燃油压力表才能测量调出的压力。事实上,对于更换排气管、改装进气装置等小幅改装的汽车,通常可以用加装调压阀来弥补其在高转速时喷油量的不足,效果明显且经济。此外,若汽车在静止起步时踩下加速踏板的瞬间发动机出现短暂的爆燃现象,加装调压阀也可改善这个问题。

2. 更换喷油器

喷油器直径的大小决定了单位时间的喷油量,改用直径较大的喷油器是提高喷油量最直接的方法,要换多大直径的喷油器则需视发动机的改装程度而定。改装喷油器最大的困难是得到可相容的喷油器,通常只有同车系或同系列发动机的喷油器才可相容,例如本田思域轿车可以换用本田雅阁轿车的喷油器,喷油量增加约25%。改装喷油器所获得喷油量的增加是全面性的,也就是从低转速到高转速喷油量都会增加,所以这可能会造成在中、低转速时的供油过多,可燃混合气过浓,导致发动机耗油量增加和运转不顺。通常经过大幅度改装后的发动机才会需要大幅度地增加供油量,而一般车主所需要的只是在高转速和重负荷时适度地增加喷油量,这需要软件的调整才能实现。还有一种情况就是发动机大幅度改装后,很可能在高转速时所需的喷油时间比发动机运转一个行程的进气时间还长,造成喷油器持续喷油也无法提供足够的油量,这时可改用直径更大的喷油器(图4-7)。更换前、后的对比如图4-8和图4-9所示。

图4-7 新12孔喷油器

图4-8 更换前

图4-9 更换后

二、燃油系统软件的改装

对于常用的间歇喷射式喷油系统来说,供油量的多少是以喷油器燃油喷射持续时间的长短来计算的。电控单元（ECU）会根据空气流量、发动机转速以及各个传感器所提供的补偿信号，利用原先在 ECU 中已经编制好的供油程序算出所需的供油时间。所以，改变供油程序即通过改变供油时间的长短，可最终达到改变供油量的目的。

电控单元的生产厂商均为国际跨国企业，生产的产品均销售至全世界。因每个国家汽油品质、温度、大气压力、湿度、发动机形式上的差异，车辆要适应不同国家的天气、环境及驾驶人的要求，同时要保证在这种复杂情况下依然能够符合严格的尾气排放、油耗、运转稳定性、发动机材料耐用性等条件，因此在大多情形下原装 ECU 内的程序是一个符合众多条件的最佳妥协方案，所以原车 ECU 所设定的范围比较保守，保留有一定的空间可供升级。

ECU 软件的改装有以下优点：

1) 自然进气的发动机可增加 10%~15% 的功率，低矩的增加明显而且会比原厂提早发挥，因此小排量车型原车一二档换档时发抖的问题会因此而消失。

2) 带涡轮车型可增加 20% 或以上的动力。另外，原装带涡轮车型一般设定发动机转速在 1800r/min 左右涡轮才起作用，而改装 ECU 后，涡轮会更早地介入，从而使动力更早地发挥，最大转矩输出曲线变得更宽，因此会使汽车相对原车省油。

3) 改装后自动档车型换档会变得更平顺，动力衔接更顺畅。正常驾驶时，相对原车会较早换档从而达到省油的目的，反之急加速时会延迟换档，使提速更加迅猛从而享受到更强的推背快感。

4) 可解决许多原厂无法解决的问题，如急速过低、易熄火、区段发动机爆燃问题、自动变速器换档振动等问题。

5) 发动机转速提升非常明显。

软件的改装包括更换 ECU 芯片和改装可变程序式 ECU 两种方式，是最简单、最快捷、最有效的改装方式。绝大部分车型无需拆卸任何原车硬件，仅仅通过每辆车自带的 OBD 车载诊断接口即可读写 ECU 程序。

1. 更换 ECU 芯片

原车厂在设计发动机时便已将原先设定好的供油程序烧录在只读存储器（ROM）上，而 ROM 都直接焊在电路板上构成 ECU 芯片，原供油程序是不可更改的，所以若想改变供油程序就必须换用新的 ECU 芯片。通常专业改装厂都会供应各种车型改装用的 ECU 芯片，改装时要先把原芯片取下，焊上一个 IC 座（可方便日后再次更换），最后插上改装用的芯片。当然，如此所得的供油程序仍是固定的，只是对原车的程序进行了修正，其中很重要的一项是可将补偿喷射程序中的停止喷油控制时间延后甚至取消。要注意的是，每种改装用芯片都有其设定的适用条件，改装时必须选用和汽车改装的程度相近的芯片才能得到最佳的效果，否则可能适得其反。

2. 改装可变程序式 ECU

改装可变程序式 ECU 是燃油供给系统改装中最贵也最有效的。改装可变程序式 ECU 后，车主可依照爱车发动机的改装程度，配合空燃比传感器的测量，通过可变程序式 ECU 设定出最佳的供油程序，再利用外接笔记本计算机任意进行更改。它与改装 ECU 芯片最大的不同之处是再次对发动机进行改装时，若出现原有供油程序不合用的情况，可经由程序的修正立刻获得解决，这正是改装可变程序式 ECU 的最大优点。改装可变程序式 ECU 后，原车的 ECU 便可废弃不用，但较高等级的 ECU 能将原车的所有传感器功能悉数保留，也就是各种供油补偿程序都可正常运作，也可更改，不会因获得高性能而将运转顺畅度与实用性丧失。改装可变程序式 ECU 的最大困难并不在于安装，而是供油程序的设定与最优化修正。这往往需要借助改装师的经验和仪器，经过不断的测试才能完成。

国内大部分地区都使用无铅汽油，升级后配合 95 号汽油，发动机可以发挥到最佳状态。适当地将点火提前可使发动机内混合气燃烧更加充分，积炭相对减少，发动机使用寿命延长。目前国内部分城市使用乙醇汽油，乙醇汽油具有易燃性，燃烧过程短的特性，适当地将点火滞后会让乙醇汽油燃烧更加充分，升级 ECU 将使点火提前，就会造成发动机爆燃，无力，长期使用就会损伤发动机。适当的改装同时配合好的汽油是对车非常有利的，但是过度的改装就有可能超出汽车的承受范围而导致硬件损伤，例如变速器齿轮爆裂、变速器爆裂、半轴被切断等。

三、汽车节油装置的改装

汽车节油装置的产品和型号有很多，按其节油原理归纳可分为三类：第一类是通过改善油路来改变燃油特性，从而达到节油目的的节油装置，如燃油箱节油器、复合节油器、核磁共振节油器、油贴等；第二类是通过优化气路增加进入气缸的空气中的含氧量，从而达到节油目的的节油装置，如空气宝、富氧节油器、纳米活性增氧器等；第三类是通过改善电路来稳定供电电压，增强点火效能，从而达到节油目的的节油装置，如动力加速器等。

1. 燃油箱节油器的改装

燃油箱节油器（图4-10）实质上是超能多元催化器的简称，可以通过改善油路来改善节油特性。这种装置可以 24h 对燃油进行处理，将燃油分子链打碎，提高小分子燃油的百分比，从而使得燃油能够充分燃烧以达到节油目的。这种装置一般在柴油车上使用，如果再配上复合节油器使用效果更好。柴油车燃油箱口较大，可以直接将其放入燃油箱内。有些大型柴油车有两个燃油箱，应当将它放入靠近燃油滤清器的燃油箱，如两个燃油箱都放，效果更好。

2. 空气宝的改装

空气宝是一种通过增加进气量使得燃油得到充分燃烧而达到节油目的的装置，在其内部有效物质的催化作用下，进入发动机中的氧离子就会大大增加，进气质量得到大大改善，空燃比得到最优配置，燃烧更加充分，可有效提高汽车燃油经济性和动力性能。这种装置适合各种车型，一般情况下汽油汽车上可以配置一个空气宝，柴油汽车上需要配置 2~3 个效果更佳，燃气汽车一般配置 3~6 个就能显著提高动力。

图4-10　燃油箱节油器

空气宝安装在空气滤清器内。汽油汽车可将空气宝直接放入空气滤清器内，靠近发动机的一端效果更好。柴油汽车空气滤清器有一个大的铁丝网状的内壳，在换滤芯时只换纸质部分，铁丝网状的内壳是不换的，可将空气宝安装在铁丝网状的内壳上，用扎带进行固定，装贴在既不妨碍空气流通又是气缸空气的必经之处即可。

3. 复合节油器的改装

复合节油器（图4-11）是复合频率共振器的简称，通过改善油路来达到节油的目的。它可以有效地改变燃油的烷分子键结构，将燃油中的大分子团击碎，变成小分子并有序排列，从而使得燃油能得到充分燃烧，不仅能显著节油，提高汽车的动力性能，还能改善尾气排放。这种节油装置一般适合安装在柴油汽车上，条件允许的情况下可以同时配置两个空气宝。一般排量大的汽油汽车可以使用复合节油器，节油效果更好，但价格比磁性节油器高。复合节油器产品配有两个专用的万向活接头，通过这两个接头将复合节油器安装在滤清器后面的进油管上（找到进油管活接处，直接串联在油管上即可，复合节油器不分进、出口）。如果安装复合节油器后，感觉动力明显增强，可以调节油泵，适当减少供油量。

4. 动力加速器的改装

动力加速器（图4-12）是一种电路稳定器，可以通过稳定汽车电气系统的电压使供油点火处在最佳的时刻，从而可以有效地提升动力、改善燃油经济性。这种装置可以广泛应用在各种车型。

动力加速器应当安装在电路负极搭铁的位置。

图 4-11　复合节油器

图 4-12　动力加速器

四、燃油改天然气的改装

1. 燃油改天然气的基础知识

天然气汽车是以天然气为燃料的一种气体燃料汽车。天然气的甲烷含量一般在 90% 以上，是一种很好的汽车发动机燃料。目前，天然气被公认为是最为现实和技术上比较成熟的车用汽油、柴油的代用燃料。我国目前推广应用的是燃用压缩天然气或两用燃料汽车（汽油和压缩天然气）。车用压缩天然气的压力一般在 20MPa 左右，可将天然气经过脱水、脱硫净化处理后，经多级加压制得，其使用时的状态为气体。燃油改天然气汽车系统原理图如图 4-13 所示。

图 4-13　燃油改天燃气汽车系统原理图

压缩天然气（CNG）双燃料汽车由定型汽车加装一套"CNG 型车用装置"制成，实现天然气、汽油两用。以天然气为汽车燃料，具有燃料价格相对便宜、燃料辛烷值高、汽车排气污染小、车辆改装简单、安全可靠等优点。双燃料汽车可以充分利用天然气资源，降低运输成本，减少环境污染。

天然气钢瓶的瓶口处安装有易熔塞和爆破片两种保险装置，当气瓶温度超过 100℃ 或压力超过 26MPa 时，保险装置会自动破裂卸压；减压阀上设有安全阀；气瓶及高压管线安装时，均有防震胶垫。因此，其在使用中是安全可靠的。

压缩天然气双燃料汽车以天然气作燃料时，天然气经三级减压后，通过混合器与空气混合进入气缸，压缩天然气由额定进气压力 20MPa 减为负压，其真空度为 49~69kPa。减压阀与混合器配合可满足发动机不同工况下混合气的浓度要求。

减压阀总成设有怠速电磁阀，用以供给发动机怠速用气；压缩天然气减压过程中要膨胀做功对外吸热,因此在减压阀上设有利用发动机循环水的加温装置;为提高汽车的操作性能,驾驶室设置有油气燃料转换开关,用来统一控制油气电磁阀及点火时间转换器;点火时间转换器通过电路系统自动转换两种燃料的不同点火提前角;仪表板上气量显示器的 5 只红绿灯显示气瓶的储气量;燃料转换开关上设有供发动机起动的供气按钮。

2. 天然气汽车的改装

改装部分由天然气系统、天然气供给系统和油气燃料转换系统 3 部分组成。

1)天然气系统:主要由充气阀、高压截止阀、天然气钢瓶、高压管线、高压接头、压力表、压力传感器及气量显示器等组成。

2)天然气供给系统:主要由天然气高压电磁阀、三级组合式减压阀和混合器等组成。

3)油气燃料转换系统:主要由三位油气转换开关、点火时间转换器和油气电磁阀等组成。

具体改装步骤如下:

车辆改装前应对车辆性能进行检查,主要检查发动机的起动性能和动力性能,要求发动机起动性能良好,加速灵敏,否则不宜改装。

① 根据车型选择加装的套件类型、气瓶型号,按照改装技术规范要求对汽车进行总布置设计。

② 气瓶安装。首先将气瓶支架按设定位置进行固定(气瓶安装位置应远离热源,气瓶与排气管之间的距离不得小于 75mm),车辆最大总质量的增加不得超过 5% 在气瓶与钢瓶支架之间垫橡胶板,调整好气瓶方向和位置,稳固气瓶。

③ 在安装气瓶时,将气瓶头端留出与车体外轮廓大于 200mm 的安全距离,用橡胶密封罩将钢瓶阀体进行密封。

④ 减压器安装。首先将减压器(图 4-14)固定支架按设定的位置进行固定,然后稳固减压器(减压器安装应位置便于维护、调整压力,尽可能地接近喷轨位置,低于散热器水平面,远离发动机排气管),安装冷却液温度传感器。

⑤ 充气阀安装。首先将充气阀固定支架按设定位置进行固定,然后将充气阀稳固在支架上,充气口朝上与地面垂直,要留有手动截止阀操作空间,便于操作。

⑥ 燃气 ECU(图 4-15)的安装。首先将 ECU 固定支架按设定位置进行固定,然后将 ECU 稳固在固定支架上。ECU 要远离热源,注意防水,便于拆卸、维护,装在振动较小的位置。

图 4-14 减压器

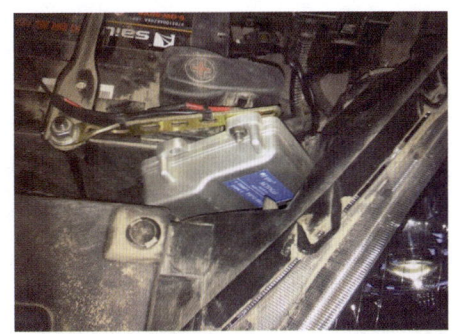
图 4-15 燃气 ECU

⑦ 转换开关及气量显示器安装。按设定位置将转换开关及气量显示器固定在驾驶室易于观察、便于操作的位置。

⑧ 喷轨安装(选用)。首先将喷轨支架按设定位置进行固定,然后将喷轨固定在支架上。尽量靠近进气歧管、远离发动机排气管,便于维护。

⑨ 电磁阀安装。首先将电磁阀支架按设定位置进行固定,然后将电磁阀固定在支架上。安装

位置应便于维护，注意防水，尽量靠近减压器位置，远离发动机排气管。

⑩ 高压管路连接。充气阀、气瓶、减压阀之间的管路连接，按设定位置采用卡套连接，高压管用卡箍固定在车底板上，摩擦部位用橡胶管加以保护，远离排气管。

⑪ 低压管路连接。低压管路连接主要是指减压阀、喷轨、喷油器之间的管路连接，按设定位置采用软管卡环连接。进气歧管上打孔遵照 3 个基本原则：尽量选择歧管壁厚的地方，尽量靠近歧管根部，多个孔尽量在同一水平线上。

⑫ 电路及线束安装。主要包括燃气 ECU、转换开关、气温传感器、冷却液温度传感器、喷轨电控、电磁阀（图 4-16）、蓄电池、喷油器、点火线圈、氧传感等的连接。电源线及线束安装应接插牢靠、绝缘良好，不与其他原件产生摩擦，可采取绑扎及固定措施。

⑬ 对改装进行全面检查：

a. 检查硬件安装是否符合设计要求，固定是否牢靠。

b. 检查高压管路及低压管路是否符合设计要求，连接是否牢靠。

c. 检查电路、线束连接是否正确，绝缘及绑扎是否牢靠。

⑭ 气密试验。经检查确认改装合格后，方可进行气密试验。

最后完成天然气汽车的改装。天然气气瓶安装位置如图 4-17 所示。

图 4-16　电磁阀安装

图 4-17　天然气气瓶安装位置

CNG 系统经外观检查确认合格后，打开气瓶手动阀，用瓶内剩余氮气和检漏液进行气密性检验（也可用气密检测设备进行检验），确认高压气管接头及部件无泄漏后，放尽氮气，关闭钢瓶手动阀，加入天然气，进行置换。

置换：加少量或 3~5MPa 天然气进行低压检漏检验，确认无泄漏后，在指定的安全区域内（有专人操作，专人监护，非操作人员禁止靠近）进行置换操作。将手动充气阀打开，放尽天然气，然后进行 20MPa 天然气的高压气密性检验，5min 内不得有气体渗漏现象。

如果发现管路、接头有气体泄漏，应关闭瓶阀，待管路中气体排出后，再拧紧卡套或接头，或更换部件，禁止带压紧固。修完再次试漏，确保无泄漏点。

调试：确认改装车辆无泄漏后，由改装师进行改装调试。调试正常后，确认车辆改装合格，交付客户。

1. 任务描述

请同学们进行市场调研，参考网络数据，写 1 份关于燃油供给系统改装的调研报告。

2. 任务目的
1）了解燃油供给系统改装的优点和缺点。
2）能够撰写条理清晰的调研报告。
3）能积极地参与任务，能与小组成员团结协作。

3. 任务准备
1）知识准备：完成"任务四　燃油供给系统的改装"的学习。
2）材料准备：提供调研范围及参考资料网站。

4. 任务步骤
1）下发参考资料。
2）学生撰写调研报告，并完成任务工单相应部分内容的填写。

5. 任务评价

序号	评价指标	评价内容	分值	评分标准	得分
1	文体格式	包含"情况、问题、意见"或"情况、经验、启示"3项	20	酌情扣分	
2	字数	不少于3000字	10	酌情扣分	
3	语言逻辑性	语言流畅、精炼、准确；立论鲜明有力，逻辑性强	15	酌情扣分	
4	基本素材	数据真实、准确、翔实，情况全面、具体	15	酌情扣分	
5	问题分析	问题分析或经验总结准确、深刻，能见微知著	20	酌情扣分	
6	意见建议	启示或意见建议应能方便地转化为具体工作举措，易于操作，能较好地指导工作实践	20	酌情扣分	
		总分			

任务五　进气系统与排气系统的改装

 任务导入

刘先生最近想为自己的爱车改排气管，他改装的理由很简单，只是追求能够达到一种"震撼力"，就像一些改装车在身边疾驰而过时所听见的那种轰鸣声。可是，当他改装之后，将这种超爽的感觉与朋友们分享时，一位深谙改装之道的朋友却向他泼了冷水："你那粗大的排气管嗷嗷喘着粗气，自己还觉得挺神气，其实在我听来，这是在痛苦地向你投诉呢。"在朋友的指点下，刘先生才逐步清楚，改装排气管看似简单，可是要改装得合理实用，里面大有文章，并不是简单地加大口径、声音改得很"震撼"，就算是达到目的。进、排气系统的改装既可以提升汽车动力性，还可以使汽车运行更加顺畅，提高发动机工作效率，使得油气混合得更加充分，从而降低废气的排放，但如果改装不当，会埋下隐患。

 知识准备

一、空气滤清器的改装

空气滤清器简称空滤，是将吸入发动机内的环境空气进行过滤的重要部件。原厂滤芯（图4-18）

多采用一次性使用的防水过滤纸制成，需要定期更换，由于过滤纸本身在过滤空气的同时会对进气造成一定的阻力从而影响进气效率，而且使用寿命有限、更换频率过大造成很大的浪费。因此，便出现了可提高进气效率、重复使用的高性能滤芯（图4-19）。空气滤清器改装方法主要有两种：一是换装高流量滤芯，二是改装高流量滤清器。

图4-18 原厂滤芯

图4-19 高性能滤芯

高性能空滤分为干式和湿式两大类。干式空滤多采用高密度海绵材料制成，清洗时用压缩空气将灰尘吹干净即可，这类空滤存在进气效率大大提高而过滤效果降低的缺点，适于空气质量较好的地区使用。湿式空滤多采用耐用性强的高密度复合过滤材料制成，使用前需要将配套的空滤油均匀喷布于滤芯表面，根据具体产品规定的清洗里程数，清洗时使用专用的清洗剂将污物清洗干净后，重新喷上空滤油即可再次使用，一般这类空滤可重复使用5~7次。由于使用特殊的空滤油可以在提高进气效率的同时兼顾良好的过滤能力，相比之下湿式空滤更适合日常使用。

除了替换原厂空滤以外，还有可以大大提高进气效率的锥形面空滤，即冬菇形空滤（俗称"冬菇头"）。这类空滤由于相对于平面型空滤表面积大，从而使进气效率大大提高。使用设计合理的冬菇形空滤可大大提高进气量，可能导致行车ECU判断错误而进行大量喷油而导致耗油量提高，个别车型需要更改行车ECU管理程序以恢复行车ECU的正常判断。冬菇形空滤基本属于纯竞赛用途，不太适合日常长期使用。另外，如果改装涡轮增压发动机，那么"冬菇头"是较好的选择，它能提供这种发动机额外的空气需要量。

"冬菇头"有许多种形式，但大致都是把滤芯材质外露，并做成象冬菇那样的大帽子形状，以尽可能广的角度吸纳更多的空气量，如图4-20所示。由于三维立体的设计，"冬菇头"过滤空气的面积比原厂"饼干"式空滤要大很多，而且"易通风"的纤维结构使得新鲜空气可大量、轻易地进入发动机，这能充分满足高转速下发动机对大量空气的需求。还有海绵滤芯"冬菇头"滤清器，其结构如图4-21所示。

小型汽车改装空气滤清器主要是原车滤芯改为高效、大流量滤芯，这种滤芯多是进口的，价格比较高。

图4-20 直通外滤型"冬菇头"

对于发动机没有重度改装或是采用自动变速器的汽车，为保持原车的低速转矩能力，使用原厂的滤芯更合适。在使用中，应经常清洗滤清器，及时更换滤芯。

图 4-21 海绵滤芯"冬菇头"滤清器的结构

有些车主使用碳纤维风箱（图 4-22）来取代原车的空气滤清器。碳纤维具有良好的隔热性，使进气温度不受发动机舱高温的干扰，空气密度更大，燃烧效率更好。而且风箱特殊的内部构造能使进气形成涡流，使可燃混合气更好地混合以促进燃烧。

二、进气道与排气道的改装

进气道的改装可从抛光进气道（图 4-23）、加大进气道和更换进气道的材质三个方面着手。进排气道是发动机进、排气的通路，原车的进、排气道是随气缸盖一起铸造而成的，由于采用砂模铸造工艺铸造，进、排气道内会留有铸造痕或存在一定铸造误差，对进、排气顺畅度有很大影响。因此就出现了对进、排气道进行抛光的加工方法，具体工序是将气缸盖拆下，用小型内壁抛光机将进、排气道内的铸造痕等瑕疵清除干净，再用细化抛光剂进行

图 4-22 碳纤维风箱

表面镜面抛光处理。抛光进气道可以降低气道表面的粗糙度，平滑的表面可有效降低进气阻力，减少空气流经气道时在气道表面产生停滞的现象；抛光后气道直径也会有小幅度的加大，这可视为抛光后所带来的附加效益。进气道抛光后可加快气体的流速，加强了扫气效应，使残余废气排得更彻底，提高发动机的容积效率。相应的，排气道的抛光也能起到一样的效果。

图 4-23 抛光进气道

进、排气道内壁进行抛光对进、排气效率的提升很有限，因此就派生出了加大进、排气道的改装法。加大进、排气道改装主要是针对涡轮增压发动机大幅提高动力输出，需要提高推动涡轮增压器转动的排气和高流量、高流速的进气的情况。在扩大进、排气道的同时还要更换配套的加大进、排气门，并对凸轮轴、气门弹簧等配气机构进行全面的升级强化，才能达到大幅提高进、排气量从而大幅提高动力输出的目的。在改装之前，需要对提升进、排气道进、排气量所需的实际进、排气道口截面积进行计算，然后制作出加大进、排气道口的具体形状的模板。将每个进、排气道口装上模板后，按照模板的形状逐一进行扩大加工后再进行抛光处理。多气门发动机还要注意对进、排气道间进行刀峰化处理，防止在高转速状态下进、排气道间气流不稳。进气道和进气管必须保证足够的流通面积，避免弯管和截面突变，并改善管道表面的光洁程度，以减小阻力，提高容积效率。

进气道（图 4-24）的材质应选用不吸热且质量小的材料，目前最常用的是碳纤维材料。碳纤维材料具有不吸热的特性，可以保证进气温度不受发动机舱高温的影响，使进气密度更高，即单位体积的含氧量增加，从而提高发动机的动力性能，但是价格较高。

改装进气道时，常将形状及材质同时改变，以获得最大的效果。同时将空气滤清器一起拆除，并将进气口延伸至车外，直接对准前方，以便在车速提高时进气压力也能随之增大，进气量相应增大。

进气歧管是将由节气门导入的空气分配给每个气缸，在喷入的燃油雾化后参与发动机燃烧室内的燃烧的重要部件，对整台发动机的工作效率和动力输出性能起着至关重要的作用。进气歧管的不同设计取决于发动机的工作特性，管路越扭曲越细长，越是注重低转速转矩输出、适用转速区域较低的设计，而越笔直越粗壮，越是注重中、高转速转矩输出、适用转速较高的设计。

一般车型的进气歧管由节气门安装座、进气稳压室、歧管体、喷油嘴安装口和歧管口安装座四部分组成，大多由铝合金材料砂模铸造而成，近年也开始广泛使用塑钢一次成型工艺。铝合金铸造而成的进气歧管（图 4-25）内壁粗糙、铸模线明显，容易影响进气效率和气流顺畅性。一种比较简单的改善方法是对进气歧管内壁进行抛光，但是由于一般进气歧管管体比较扭曲，很难进行完全彻底的抛光，提高进气效率幅度很有限。于是就出现了替换原厂型高性能进气歧管。这类进气歧管采用内壁光滑的等长等径渐变扩大的铝合金管路直接焊接在渐变收缩的侧漏斗型稳压室上，可造就出近似均一的进气流量，而且喷油器安装位置也更靠近发动机进气口，可大大提高进气效率和动力输出。

图 4-24　进气道　　　　　　　图 4-25　进气歧管（进气铝管）

需要注意的是更换这种进气歧管改变了原车的进气量，供油量如果不相应地提高会导致发动机温度过高、爆燃、无法正常工作，有些车型会因进气传感器信号异常，致使行车 ECU 进入安全模式。因此，需要重新改写行车 ECU 管理程序，并对供油系统进行加强。

三、节气门的改装

节气门是通过不同的开启角度改变进气流量，使空气流量传感器感知到进气流量的传感信号，从而传送给行车 ECU 控制发动机转速的重要部件。一般车辆多为单一节气门形式，安装在进气歧管口部。节气门采用可轴向开启的片状阀门来改变进气流量。节气门分为机械开启式和电子开启式。机械开启式节气门由一条与加速踏板相连的钢索控制片状阀门的开启，优点是反应直接、结构简单，缺点是动作精确度低、油耗高。电子开启式节气门由加速踏板上的步进电动机以专用线组与控制节气门片状阀门的电动机组成的控制单元进行控制。当踏下加速踏板时，步进电动机会将信号传至控制节气门片状阀门的电动机，行车 ECU 会根据发动机的实际工况控制片状阀门的开启角度，做到准确、合理的控制，从而使耗油量得到有效的控制，缺点是反应不够直接、结构较复杂。

为了提高进气系统的实际进气量，就出现了加大原厂节气门的改装方法。第一步是扩大节气门内径，第二步是加工出直径与节气门口内径完全相等的片状阀门，以保证密合度，防止回油迟滞、怠速不稳的情况发生，还有就是对片状阀门转动轴进行削薄处理，以防止转动轴干扰进气流的稳定。除此之外，片状弹簧要采用和原厂一样的材质制作，防止阀门与阀体内壁因材料间膨胀系数不同产生密合度不良的问题。另外，加工时需要预留出片状阀门转动时所需的约 3°的坡度。

除了对原厂节气门进行另行加工，还有成品的高性能、大口径节气门可以选择。这类节气门经过专门的设计和加工，精密度更有保障。换装大口径节气门后会出现流量传感器信号异常、行车 ECU 控制信号移位等情况，因此需要对行车 ECU 管理程序进行修改。

多联装节气门（图 4-26）就是所谓的多喉直喷系统，发动机的进气控制由一个以上的节气门负责，一般为每个气缸由一个节气门进行控制，目的就是可以大大提高进气效率及发动机动力输出。多喉直喷系统主要分为两种主要形式：一类是适用于直列发动机的侧置式，一类是适用于 V 形排布或水平对置排布发动机的上置式。一般多喉直喷系统以两个独立的节气门为一组安装在专用的进气歧管之上，由可同步控制开启的拉线组或电子节气门控制单元进行控制。

图 4-26　多联装节气门

多喉直喷系统除了常规形式的片状阀门旋转开启式，还有用于纯竞赛用途的滑动阀门式，即节气门内的片状阀门采用滑动开启的方式，在阀门全开时节气门内是完全开放的，没有转动轴的干扰可进一步提高进气效率。滑动阀门式多喉直喷系统最大的缺点是需要预留出片状阀门打开时所需的空间，因此会占用较大的发动机舱空间。不过多喉直喷系统属于自然吸气发动机改装的终极改法，是在发动机内部经过全面强化改装后的情况下，最后需要改装的项目。

多喉直喷系统不能普及的另外一个原因是耗油量过大，平均耗油量会比相同设计、相同排气量的发动机高约30%。多喉直喷系统最大的技术问题是，每个节气门的进气流量会随着时间的推移而逐渐变化使进气量不一致，造成怠速不稳、动力输出严重不顺畅，需要定期使用专用的电子真空表组进行检查并及时进行校调使其恢复一致。

四、排气系统的改装

排气系统的功用是以尽可能小的排气阻力和噪声，将气缸内的废气排到大气中。排气系统主要包括排气歧管、排气管以及消声器。废气从连接燃烧室的排气口，经由排气歧管、排气管前中段（包括三元催化转化器）和排气管尾段（俗称尾排），最后排放至外界空气中。降低进气阻力和排气阻力、提高气缸内压力、降低进气终了的温度、降低排气管内残余废气的压力、加大进气门面积都可提高发动机的容积效率，使发动机的功率和转矩相应增大，提高动力性能。要让排气系统获得更高的排气效率，就要充分利用排气系统在运作时产生的回压（背压）和"吸啜"效果。发动机在工作时，排气系统输送的废气并不是连续不断的，而是一波一波的；汽车发动机的气缸数量越多或转速越高，废气波越密集。高压的废气波被高速排出气缸后产生的低气压便是回压。适量的回压可使排气系统内产生良好的吸啜效果。其原理是：若排气管直径适中，第一波被排出气缸的废气在膨胀后便会紧逼排气管内壁向下游快速排出，同时在上游部分产生一个低压区，吸啜发动机排出的第二波废气；而第二波废气在紧逼排气管内壁向外排出时，在其后方产生的低压又在吸啜第三波废气，依此类推，使发动机不费劲地完成排气动作之余，排气效率也比完全不用排气系统更高，残余在气缸内的废气更少，而气缸内可容纳供燃烧用的新鲜空气便更多。所以，只有充分利用回压和吸啜效果，排气系统才能达到较高的性能。

原厂使用的排气系统是经过厂家反复测试，出于车辆的动力性能、环保性能及燃油经济性与生产成本等多方面考虑设计出的，是与车辆的动力总成较为合理的搭配，尤其是对于动力较弱的小排量车型来说，原厂的排气通常不会太过顺畅，而这种设计反而优化了小排量发动机本身低矩不足的特性，适当的回压会产生排气谐振效应，可以提高中、低转速下的排气效率，更适合城市道路使用。而一些高性能车型，在原厂设计时就会用到回压较低的排气系统以提高发动机的最大功率输出，通常优化的排气歧管设计、直线型大直径管路、多出尾喉和响亮的排气声浪是它们的共同特点。

1. 排气系统的改装技术要点

在进、排气系统改装中，排气系统的改装更受到欢迎，因为排气系统尤其是其尾段，不但露于车外清晰可见，而且还可以发出慑人的音频和声响，是能直接为车主提供视觉与听觉双重感观刺激的改装部件。原厂的排气系统由于要顾及成本、噪声污染和各地不同的排放标准等限制，在设计时都会非常保守，并会在一定程度上因排气效率不高而限制了发动机的性能表现。所以，排气系统的改装常常能为车主带来惊喜。

（1）排气系统的改装可遵循由浅入深的方法

1）一般的排气系统改装只涉及排气管的尾段，可适当加大排气管尾部的直径及改变消声器的结构形式，使得单位面积内通过的气流增加，从而使废气排放更为顺畅。最基本的改装就是在排气管的末端套上一个美观的不锈钢护套，其优点是价格便宜、安装方便，且不会对原车有任何影响。

2）较深层次的改装是锯掉原车排气管的尾段，在截断部位加焊特制尾喉，或者直接更换由不同品牌推出的原装专用车型尾喉。这种尾喉由不锈钢制成，它最大的特点是可以发出一种低频声音，音质虽然低沉却很清爽。但要采用这种改装方式，车主就必须放弃原厂汽车排气管尾段。

3）更深层次的改装重点在排气管的前中段和排气歧管。排气管前中段的改装涉及三元催化转化器和排气管内壁与直径的改装；排气歧管的改装涉及排气线路的安排。

(2) 排气系统各部件的改装

1) 排气歧管的改装。发动机燃烧后的高温废气首先进入排气歧管，由于它的形状呈扇形，也叫"芭蕉头"。排气歧管的改装一般是改装排气系统中最昂贵的部分，由于对长度、弯度和直径有严格要求，所以其开发和制作成本很高。排气歧管的设计是否优良对整套排气系统的吸啜效果起着举足轻重的作用。原装排气歧管的材质一般是铸铁，有部分车厂会选用不锈钢，如 BMW（图 4-27），原装的排气歧管因为是大批量生产，所以不止内壁很粗糙，甚至连排气歧管的长度都未必一致，于是就出现了排气干涉的现象。改装后的排气歧管一般都是以不锈钢为材质，有以下几个优点：

① 耐高温、性能好。
② 壁薄，所以整体重量轻。
③ 不锈钢管的内壁虽然不需要抛光打滑这个程序，但本身已经比原厂的铸铁制品光滑不少，有利于废气的流动。
④ 容易弯曲和切割。

以 4 缸发动机为例，如果将 4 根歧管直接合为一根，称之为"4 出 1"。这种构造的排气歧管制造方便，占用空间小，被原厂广泛使用，缺点是 4 根歧管的交汇处容易因气流相互冲击产生回流漩涡，简单的理解就是交通堵塞，影响排气通畅。如果将 4 根歧管先两两相连再合并，则称为"4 出 2 出 1"，如图 4-28 所示。这种构造相比"4 出 1"，不容易产生漩涡，排气更流畅，缺点是工艺复杂，占用空间大，一般都为改装件。

图 4-27　宝马 130i 换装 Eisenmann 尾喉　　图 4-28　"4 出 2 出 1"芭蕉头

传统概念是："4 出 1"的设计会更适合高转速时的废气波动频率，有助于汽车在高转速时提升动力性能；而"4 出 2 出 1"的设计更有利于低转速时的转矩输出，所以更适合日常市内工况行车之用。但现在很多最新设计的"4 出 2 出 1"排气歧管能同时改善发动机在中、高转速时的表现，所以更能满足用户全方位的要求。另外，"4 出 2 出 1"的改装方法，需要拆卸原有排气管，安装新的排气管路，此时如选择较佳的排气管，就可以得到"魅力十足"的排气声及较高的排气效率，同时能兼顾美观与耐用性。

2) 三元催化转化器的改装。三元催化转化器是控制废气有害成分的重要装置，主要净化发动机排气中的碳氢化合物（HC）、一氧化碳（CO）和氮氧化物（NO_x）等有害气体。有许多改装厂为了尽可能地减少排气阻力，便将三元催化转化器拆除，这不仅会使汽车排放超标，还可能使车内部分有自我诊断功能的汽车 ECU 发出错误信号，影响正常行车，因此建议保留原车的三元催化转化器。现在很多新款的三元催化转化器并不会对排气流速产生较大阻碍，可换一个改装专用的高性能三元催化转化器，但价格较高。

3) 排气管的改装。仅仅更换消声器不会使汽车的动力性能提高很多，但如果把整段排气管更换成高性能的型号，则会对动力的提升起到不小的作用（特别是发动机经过改装后）。高性能排气管相比原装的排气管，直径大、内壁较光滑、弯曲度较小，这些设计令发动机在高转速时产生的大量废气能畅顺地高速通过，明显地提升了排气效率。但要注意的是，直径过大的排气管会影响回压效果并使废气降温太快，在减慢流速之余更减少了排气管的离地间隙，增加汽车被"托底"的机会。一般来说，如果发动机没有经过大幅度改装，则排量在2L以下的自然进气发动机的排气管直径不应超过50mm，而2L涡轮增压发动机的排气管直径应为70~80mm。

更换排气头段对动力的影响最显著，属于纯粹的性能改装。不过，它还要搭配相应档次的进气部件才能发挥作用。

中段排气管（图4-29）是介于三元催化转化器和尾段排气管之间的部分，属于车辆排气系统三级消声的第二部分。中段排气管由连接管路、安装口、消声器组成。原厂的中段排气管采用镀锌铁板、铁管制成，消声器内部由回压隔板、吸声棉组成，中段排气管由螺栓或卡扣与其他部分相连。高性能中段排气管则采用不锈钢材料制成，消声器内部采用回转式回压隔板，配合不锈钢消声棉和玻璃纤维消声棉，可减少排气系统回压，使发动机中、低速转矩更丰厚，提高整体加速反应，提高排气系统工作效率。中段排气管没有单独更换的必要，如需更换，则需要和消声器一起换。中段排气管原是系统中最便宜的部分，但加上了三元催化转化器后价位会有所升高。

尾段排气管（图4-30）是排气系统中的最后一部分，也是排气系统三级消声中最后一级，其结构和中段排气管基本一致。原厂规格尾段排气管材料采用镀锌铁板、铁管制成，内部由回压隔板和消声棉组成。高性能尾段排气管壳体采用耐用、耐热的不锈钢材料制成，内部由回转式回压隔板使排气顺畅地排出，采用不锈钢消声棉内裹玻璃纤维消声棉，可在减少排气阻力的同时，保持发动机合理的低转速转矩输出，并大大延长消声棉的使用寿命，使排气管保持稳定的排气顺畅度的同时，能长时间保持正常的消声能力。

图4-29 中段排气管

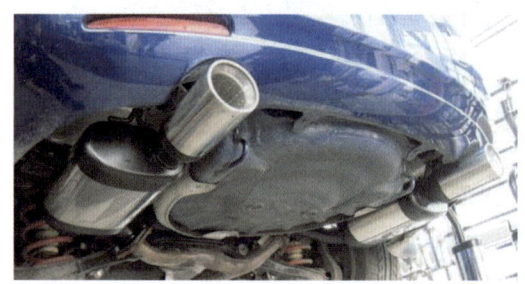

图4-30 尾段排气管

近年出现的钛合金尾段排气管，不仅耐高温，耐用性能得到大大提高，排气效率也由于排气温度的提高而得到大大提升，而且钛合金尾段排气管重量轻、材料强度大，与同等规格的不锈钢尾段排气管相比，重量可减轻40%、管壁可以薄30%。但是由于钛合金材料加工难度大，又需要使用激光焊接，故成本比不锈钢产品高近一倍。

五、消声器的改装

消声器很容易装配，改装起来很简单。原厂消声器的结构是一根管把尾气导入复杂的金属石棉减噪、减振材料中，充分消声，从另一端导出。高档的消声器用不锈钢（甚至是钛合金）制造，改装后的消声器比原装铸铁制造的更轻、更耐用，也更美观。消声器大致可分成两种：第一种是利用交错隔板造成反射波的方式来降低音量，原厂消声器几乎都是此种类型，其优点是成本低而消声效果好，缺点是排气阻力大而笨重。第二种是高性能型号中常见的、用玻璃棉等吸声材料来消声的吸声式消声器，其优点是限流少、重量轻，缺点是消声效果较差，因此一般都会有较大的排气声,但排气声的大小和发动机的性能并没有直接关系。另外,消声器末端的排气口直径要配合前端排气管的直径,太大并不会有实际效果。在选购消声器时,如果只要求外观、大排气声和一般性能的提升,则很多较为便宜的国产改装用消声器即可胜任,如果要求更高性能的提升,则可选择国外相关知名品牌的产品。

六、涡轮增压器的改装

发动机是依靠燃料在气缸内燃烧来产生动力的,输入的燃料受到吸入气缸内空气量的限制,所产生的功率也会受到限制。如果发动机的运行性能已经处于最佳状态,再增加输出功率只能通过压缩更多的空气进入气缸来增加燃料量,提高燃烧做功能力。在目前的技术条件下,涡轮增压器是唯一能使发动机在工作效率不变的情况下增加输出功率的机械装置。

涡轮增压器(图4-31)实际上是一种空气压缩机,通过压缩空气来增加进气量。它是利用发动机排出的废气惯性冲力来推动涡轮室内的涡轮,涡轮带动同轴的叶轮,叶轮压送由空气滤清器管道送来的空气,使之增压进入气缸。当发动机转速增快时,废气排出速度与涡轮转速也同步增快,叶轮就压缩更多的空气进入气缸,空气的压力和密度增大可以燃烧更多的燃料,相应增加燃料量和调整发动机的转速,便可增加发动机的输出功率。涡轮增压器的工作原理如图4-32所示。参加竞赛的跑车一般在发动机上装有涡轮增压器,以使汽车有更大的输出功率。

图4-31 涡轮增压器

图4-32 涡轮增压器的工作原理

涡轮增压器的最大优点是不加大发动机排量就能较大幅度地提高发动机的功率,加装增压器后的发动机的功率可增大20%~30%。涡轮增压器的缺点是滞后,即由于叶轮的惯性作用对节气门开度骤时变化反应迟缓,使发动机延迟增加或减少输出功率,这对于要突然加速或超车的汽车而言,瞬间会有点提不上劲的感觉。

1. 涡轮增压器的改装步骤

涡轮增压器改装多是由专业汽车改装厂家引进欧美等国的涡轮增压套件来改装的。除主要改装件涡轮增压器外,外围配件还包括中间冷却器、燃油压力调节阀、进气泄压阀、供油ECU及控制面板等。所有的改装工作均围绕这些部件进行。

1)在排气歧管上安装涡轮增压器。涡轮增压的核心部件是涡轮增压器,它的作用是利用发动机排出的废气带动涡轮高速旋转,给来自空气滤清器的空气增压,以提高发动机的进气量。

2）安装进气泄压阀。进气泄压阀安装在增压器上，当不需要增压时，一部分排气会通过泄压阀泄出而不进入涡轮增压器；当发动机转速达到1700r/min时，就会自动关闭泄压阀让排气流指向涡轮一侧，使涡轮转动。

3）安装中间冷却器。中冷器可以安装在发动机散热器的前面、旁边或者另外安装在一个独立的位置上，它的波形铝制散热片和管道与发动机散热器结构相似，可将增压后的空气冷却下来，从而提高增压效果。

4）在供油管路上安装燃油压力调节阀。其作用是提高供油管道的喷油压力，以提高喷油量。

5）安装供油 ECU 及控制面板。供油 ECU 已根据加装增压器后的实际用油量，重新改写了发动机喷油量控制程序，与燃油压力调节阀一起增加供油量。对于市区使用的车辆，改装时一定要考虑到日常使用的问题，不要追求极致。

加装涡轮增压器的价格并不算低，一般是车价的 10%～20%，当然如果价格太高，可选择少做一两个改装项目，例如不安装控制 ECU 等就可减少几千元费用，但不装控制 ECU 会使涡轮迟滞明显，即汽车动力输出滞后。

2. 涡轮增压器改装的注意事项

加装涡轮增压器的汽车对发动机有一定的要求，并不是所有的车型都可以通过加装涡轮或是更换更大的涡轮来达到提升动力的目的。例如，必须是电喷发动机；每个气缸的缸压与出厂时相比，不得超出 $0.5kg/cm^2$ 的偏差，否则说明气缸已磨损严重，不适合加装增压器。发动机舱空间、缸体承受能力、安装匹配度等问题都会给施工或是日后的使用造成问题。

自吸的发动机和涡轮增压的发动机，原厂对发动机内部零件的加工强度是不一样的，一般来说，带涡轮增压器的发动机由于气多油少，在气缸内的爆炸力要远远高于自吸的发动机，对活塞以及曲柄连杆机构的负担更大，因此发动机的内部零件强度要高于自吸的发动机的内部零件强度。

涡轮增压对发动机造成最大的困扰就是高温，增压发动机就需要有更好的散热能力。所有涡轮增压发动机在活塞下方都会配备机油喷嘴，来给每个活塞降温。其中缸水道的设计与自吸的发动机有很大的区别，一般涡轮增压发动机中缸的水道总长度远长于自然吸气发动机（图4-33）。

图4-33 封闭式水道设计

由于水道的区别，会使自然吸气发动机安装涡轮增压之后造成燃烧室高温和排气高温，并且增加爆燃的现象，因此排气门的使用寿命会急剧缩短。在经过了增压之后，发动机在工作时候的压力和温度都大大升高，因此发动机使用寿命会比同样排量、没有经过增压的发动机要短，而且机械性能、润滑性能都会受到影响，这在一定程度上限制了涡轮增压技术在发动机上的应用。其他缺点还有"迟滞性"，但目前经过技术改进，发动机在较低转速时增压器就可以介入，"迟滞性"感觉已很小。目前，除了单涡轮发动机外，很多运动型汽车为追求高性能搭载了双涡轮甚至四涡轮发动机。

项目四　汽车发动机改装

1. 任务描述
请同学们进行市场调研，参考网络数据，写 1 份关于进气系统与排气系统改装的调研报告。

2. 任务目的
1）了解进气系统与排气系统改装的优点和缺点。
2）能够撰写条理清晰的调研报告。
3）能积极地参与任务，能与小组成员团结协作。

3. 任务准备
1）知识准备：完成"任务五　进气系统与排气系统的改装"的学习。
2）材料准备：提供调研范围及参考资料网站。

4. 任务步骤
1）下发参考资料。
2）学生撰写调研报告，并完成任务工单相应部分内容的填写。

5. 任务评价

序号	评价指标	评价内容	分值	评分标准	得分
1	文体格式	包含"情况、问题、意见"或"情况、经验、启示"3项	20	酌情扣分	
2	字数	不少于3000字	10	酌情扣分	
3	语言逻辑性	语言流畅、精炼、准确；立论鲜明有力，逻辑性强	15	酌情扣分	
4	基本素材	数据真实、准确、翔实，情况全面、具体	15	酌情扣分	
5	问题分析	问题分析或经验总结准确、深刻，能见微知著	20	酌情扣分	
6	意见建议	启示或意见建议应能方便地转化为具体工作举措，易于操作，能较好地指导工作实践	20	酌情扣分	
		总分			

任务六　点火系统的改装

王先生将自己爱车发动机的单极火花塞改装成了多极火花塞，改装后感觉发动机性能提升效果不明显。那么，问题究竟出在哪里呢？在点火系统的改装过程中需要注意哪些问题？

点火系统的作用是在任何发动机转速及不同的负荷下，在适当的时机提供足够的电压，使火花塞能产生足以点燃气缸内混合气的火花，让发动机得到最佳的燃烧效率。

点火系统的基本装置包含了电源（蓄电池）、点火触发装置、点火正时控制装置、高压产生器

(高压线圈)、高压电分配装置、高压导线及火花塞。

现代的点火提前装置已改由发动机 ECU 所控制，ECU 收集转速、进气歧管压力或空气流量、节气门位置、蓄电池电压、冷却液温度、爆燃等信号，算出最佳点火正时提前角，再发出点火信号，达到控制点火正时的目的。

在点火系统的改装之前，必须先了解点火系统是否仍维持原设计的性能，确认之后再谈改装的需求。

1) 火花塞是否定期更换。火花塞的使用寿命约为 10000～40000km。
2) 冷热值是否正确。这可由拆下的火花塞电极状况判断，太冷的（散热能力太好的）电极会出现黑色积炭，太热的电极则会呈现白色、电极熔蚀、陶瓷裂开等状态。
3) 高压导线是否破损漏电。
4) 蓄电池电压。装了高功率的音响扩大机后，是否配合换用容量较大的蓄电池。
5) 点火正时是否作了正确的调整。

点火系统的改装是为补原有点火系统之不足，改装的目标是缩短充磁所需时间，提高二次电压，降低跳火电压，增长火花时期，减少传输损耗。

一、点火线圈的改装

点火线圈（图 4-34）通常装于发动机舱中，利用线圈互相感应功能，将低压电（12V）升高至可使火花塞产生火花的高压电（15～20kV）。

点火线圈的工作原理类似于普通变压器，它们有着相同的基础构件（一次线圈和二次线圈），并通过电磁感应的原理来改变电压。两者的差异是普通变压器的变压对象是交流电，而点火线圈是通过对直流电的连接和断电的变化来变压。

当前，汽车点火线圈技术正朝着具有封闭磁路的点火线圈发展。封闭磁路的点火线圈具有漏磁少、线圈小、质量小、防潮耐热、耐振、耐击穿和工作可靠的优点。

点火用的高压电流是由高压线圈产生的，改用线圈材质较佳或一、二次线圈圈数比值比较高的高压线圈，均能产生较大的高压电流，并且能承受较高的电流输出

图 4-34　点火线圈

负荷。点火电压的提高对火花时期的延长有直接、正面的影响。点火线圈的改装主要包括以下两个方面：

(1) 改用高能点火线圈　为了节约成本，原厂车搭载的点火系统都较为简单。与原厂线圈相比，有镀金层的高性能点火线圈电阻更小，更利于电流通过，线圈充磁时间更短，输出电压更强，放电时间更长，高频率下（高转速）有更稳定的点火性能，把能量损失减到最小。除了对线圈升压效能控制得更加严谨以外，线圈本身还相当于一个电容，可以帮助电压输出更加稳定。原厂线圈的点火强度与强化点火线圈点火强度的对比如图 4-35 和图 4-36 所示。

以直列 4 缸独立点火的形式进行说明，其他诸如水平对置发动机、双点火、6 缸及其他多缸等其他形式的点火构造，操作原理相同，但施工难度略高。直接替换式的高性能点火高压包，市售产品多为同宗同源的 OKADA Projects 和 Ignition Projects，其换装方式极其简单。小心拆除遮盖或阻碍更换的高压包的盖板和线束，将固定高压包的螺母拆除，抓紧高压包的头部即可将其拔出，然后将高性能高压包及早前拆除的"障碍物"按顺序装回即可。

图 4-35　原厂线圈点火强度　　　　　　　图 4-36　强化线圈点火强度

(2) 改用电容放电点火系统　火花塞用的高压电源来自汽车上的点火线圈，原厂系统大都是电感线圈放电系统，这个设计的缺点是储存电能需要一个较长时间，在高转速时系统会因充电时间不足而使火花塞能量变弱，令车辆损失动力，针对这一点最根本的改善方法是换装电容放电式点火系统，但它只适用于重改装和赛车改装。

电容放电点火系统是利用每次的点火间隔，将点火能量储存于电容器的电场中，点火时再一次释放，因此比起传统的点火系统能产生更大的点火能量。

二、点火高压线的改装

点火高压线（图 4-37）将高压线圈发出的高压电流传输给火花塞。一组优良的高压导线必须具备最少的电流损耗及避免高压电传输过程产生的电磁干扰。

一般车上的高压导线由于包覆材质所限，常设计成约有 5kΩ 的电阻值，以防止电磁干扰，但这电阻值却会降低导线的传输效率，造成电流的损耗。若将导线包覆的材料改为矽树脂，则干扰的问题可获得解决，电阻值也可大幅降低，高压电流因传输而造成的损耗也可降低。

三、火花塞的改装

换火花塞是改装点火系统最容易的一步。火花塞的功用是实现最终点火，高压包升压后，数万伏的电压击穿火花塞上两个极点之间的空气产生电弧，以此来点燃气缸内的压缩混合气，完成做功行程。从结构来看，火花塞是由顶端的高压帽，中间的绝缘材料体，传导高伏电压的接线螺母，接线螺杆，下部与气缸盖相连接的螺钉，贯穿整个火花塞的中心电极，以及与外壳相连最终接地的侧电极构成，如图 4-38 所示。

图 4-37　点火高压线

另外，火花塞的另一个重要作用是把气缸内的热量带走，以维持一个适当的工作温度。如果温度太高会损蚀火花塞的电极和绝缘体，而被烧红了的火花塞会引发早燃和爆燃现象；如果温度太低，附着在火花塞表面的燃油就不能充分燃烧，容易形成积炭，使火花塞产生不了火花。因此不同冷热度的火花塞会用在不同特性的发动机上。在一般的轻微改装时不需要改动火花塞的冷热度，只有在重改装后发动机经常在高温下运作时，才需要改用冷度较高的火花塞，随便改用赛车用的火花塞只会制造积炭，令发动机出现乏力和转速不顺的现象。

1. 火花塞改装的几种途径

(1) 换用贵金属电极材料的火花塞　常说的铂金火花塞、铱金火花塞中，铂金、铱金就是指火花塞的电极材质。常见的电极材质有镍铜合金、镍锰合金（原厂火花塞一般用这两种）以及一些稀有金属铂金、铱金等。几种材料中，铱金的熔点（2554℃）比其他几种材质高很多，能够承受更高的发动机温度而不至于电极融化烧毁，同时它的硬度也比其他的材质高很多，这意味着用铱金制作电极可以把中心电极直径做得更小，使点火更为集中，能量更强。升级高性能点火系统之后，建议更换优质的铱金火花塞（图4-39），不仅点火效果更佳，使用寿命也长。

(2) 选用合适点火间隙的火花塞　点火间隙（图4-40）是指中心电极到侧电极的最小距离。一次成功的点火分为3个时期：点燃期、扩散期和蔓延期，其中扩散期是最重要的时期，火核在此时形成。从理论上讲，点火间隙越大，火核蔓延空间大，形成的火核就越大，表现为点火能量越高，使得油气混合物燃烧更充分，但更大的点火间隙所需的点火电压更高。若所需电压超出了点火线圈的输出电压范围，会造成火花塞"失火"现象，同时点火线圈一直处于超负荷运行状态，会导致线圈的损坏。因此，在更换火花塞时要注意参考原厂的点火间隙数据，过大或过小的点火间隙都会影响火花塞的点火状态。

图4-38　火花塞构造示意简图

图4-39　铱金火花塞

图4-40　点火间隙

(3) 选用合适热值的火花塞　热值是衡量火花塞散热能力的一个指标，一般会标注在火花塞的包装盒上。标定的数值越小，表示火花塞的耐热温度越高，适合低压缩比的发动机使用；标定的数值越大，表示火花塞散热能力越强（冷型火花塞），适合高转速、高压缩比的发动机使用。一般日系火花塞热值随标号递增而正向递增，欧系火花塞与其相反。

热值的选择需要参考原车火花塞的热值，过高的热值意味着火花塞散热能力过强，会导致缸内热量不足，降低油气混合物的燃烧效率，时间久了还会导致积炭，影响火花塞的点火效率。若热值过低，长期处在高温环境下的火花塞会因为散热能力不足而导致烧毁，因此正确的热值至关重要。

选择火花塞可依据发动机的压缩比、转速和空燃比进行。高压缩比发动机需要使用耐温度高的火花塞；低压缩比的发动机使用的火花塞耐温度需要相应地低一些。

火花塞的热值一共有9个等级，1~3度为低热值，4~6度为中热值，7~9度为高热值，数字越高火花塞越偏冷，散热性越好。火花塞更改的原则是以原厂的火花塞热值为基准，上、下一个偏差是可以的，若大于一个偏差可能会影响发动机的正常工作，甚至造成发动机的损坏。较冷的火花塞的制作比一般产品更加精良，所以在发动机高转速时，它能保证点火的准确性和质量，从而保证发动机极限时的最大功率。另外，其电阻被控制得非常小，点火次数的绵密丝毫不因转速的升高而有所遗缺，所以使用热值较高的火花塞能满足习惯拉高发动机转速换档的车主或"飙车"族的需求。但是如果改用过高热值的火花塞，就会出现起动困难、低速不稳的情况。具体而言，如亚热带天气下，5~8度的火花塞比较合适（普通汽车使用5度、6度，可改为6度、7度、8度，具体视实际装车后反应而定，市区使用一般汽车建议最高7度），而9度以上的则只有在酷热的天气下的赛车才用得上。火花塞上只标有国际或厂内标准的代号编码，它表示了结构形式、热值等信息，但一般消费者是无法辨认这些的，所以在购买前应向商家询问清楚。

(4) 换用多极火花塞　　所谓单极和多极火花塞，实际上是指火花塞上侧电极的数目，有一个侧电极为单极火花塞，有多个侧电极为多极火花塞。多级火花塞通过侧电极的增多增大了电极之间的相对面积，因此可以减小中心电极与侧电极之间的间隙。这样，低速时由于有多个侧电极，产生的点火能量可以满足低速时的点火需求，高速时由于间隙变小，失火率减小，满足高速时的点火需求。

多极火花塞的侧电极比较多，所以散热性能较单极火花塞好。在改装火花塞时，如果其他部件不相应进行修改，仅仅更换多极火花塞，那么它较大的散热量会影响发动机性能。改装火花塞的时候，需要考虑众多因素，对发动机的其他部件进行相应调整（如调整点火电压、修改ECU等），注意各方面性能的匹配才能将多极火花塞的优势真正体现出来。

(5) 其他参数　　除了前面的这些参数，还有一些细节需要注意，如火花塞的螺纹螺距、螺纹长度、外方大小等。

2. 改装火花塞后的检查

当换新一组火花塞并使用一段时间后（1000km左右），可自行拆除火花塞，并通过点火电极部分的颜色来辨别火花塞是否安装合适。

当电极颜色呈现焦黑状时，代表所使用的火花塞冷值太高，导致点火延后、燃烧不完全，这时必须将火花塞更换为热型趋向的产品以符合正确的点火时间，达到良好的点火效率。

当电极颜色呈现白色时，代表的是所选用的火花塞冷值不够，导致发动机室的工作温度非常高，进而对周边机件的耐用度产生影响，此时必须选用较冷的火花塞产品，让火花塞的导热效率提升。

火花塞的状态以电极部分呈现淡淡的黄褐色色泽时最为理想，代表发动机在点火时的冷、热值都刚好，导热效率也很恰当，是发动机输出功率为最理想的情况。

四、点火增强器的加装

汽车高能点火增强器（图4-41）用高频升压电路通过整流给电容充电，晶体管串联在点火线圈与地之间。由于电能是连续的、不间断地给电容充电，再加上晶体管的导通时间很短，故该装置具有放电迅速、能量充足，产生的火花粗壮、明亮，可在各种不同的条件下点火，经试车可节油8%~15%，并具有结构简单、连接方便等优点。

点火系统改装后可能面临供油量不足的问题，尤其在高转速时，若不能解决则可能导致发动机的过热问题，因此供油系统必须视点火系统改装的程度，适度地提高供油量。

图 4-41　点火增强器

1. 任务描述

请同学们进行市场调研，参考网络数据，写 1 份关于点火系统改装的调研报告。

2. 任务目的

1）了解点火系统改装的优点和缺点。
2）能够撰写条理清晰的调研报告。
3）能积极地参与任务，能与小组成员团结协作。

3. 任务准备

1）知识准备：完成"任务六　点火系统的改装"的学习。
2）材料准备：提供调研范围及参考资料网站。

4. 任务步骤

1）下发参考资料。
2）学生撰写调研报告，并完成任务工单相应部分内容的填写。

5. 任务评价

序号	评价指标	评价内容	分值	评分标准	得分
1	文体格式	包含"情况、问题、意见"或"情况、经验、启示"3 项	20	酌情扣分	
2	字数	不少于 3000 字	10	酌情扣分	
3	语言逻辑性	语言流畅、精炼、准确；立论鲜明有力，逻辑性强	15	酌情扣分	
4	基本素材	数据真实、准确、翔实，情况全面、具体	15	酌情扣分	
5	问题分析	问题分析或经验总结准确、深刻，能见微知著	20	酌情扣分	
6	意见建议	启示或意见建议应能方便地转化为具体工作举措，易于操作，能较好地指导工作实践	20	酌情扣分	
总分					

项目五 汽车底盘改装

目标与要求

通过完成本任务的学习，应达成以下目标及要求：
1. 了解汽车底盘改装的定义及分类。
2. 掌握汽车传动系统改装的基本知识。
3. 掌握汽车行驶系统改装的基本知识。
4. 掌握汽车制动系统改装的基本知识。
5. 掌握汽车底盘改装配件的选购方法。

任务一　传动系统的改装

任务导入

小王是一位私家车车主，据他反映，他的爱车在五档高速行驶时，速度不尽人意，噪声也较大，他想对自己爱车的底盘传动系统进行改装。你能告诉小王关于汽车底盘传动系统改装的一些基本知识吗？

知识准备

汽车的原装底盘能够满足普通汽车用户的要求，一般不需要对底盘进行改装。但是如果车主热衷于赛车和越野，改装底盘是提升性能的必要途径。汽车底盘改装的主要内容如下：
1) 传动系统的改装：主要有离合器、变速器、差速器等部件的改装。
2) 行驶系统的改装：主要有轮胎、轮辋、悬架等部件的改装。
3) 转向系统的改装：主要有转向盘等部件的改装。
4) 制动系统的改装：主要有制动器等部件的改装。
5) 其他保护的改装：主要有底盘保护、防倾杆、底盘塑封等的改装。

一、离合器片的改装

一般的汽车改装都不需要改装离合器。如果改动了发动机，而且发动机的动力有很大的提升，就可能需要改装离合器了。这是因为发动机动力提升之后，原厂离合器往往因为打滑而无法准确地输出动力，此时要让增加的动力完全释放，就必须改装离合器。

1. 离合器片

高强度离合器片根据所使用的材质不同，一般分为有机离合器片（图5-1）、纯铜离合器片、金属离合器片和碳纤维离合器片（图 5-2）。有机离合器片对应功率为 300 马力（1 马力 = 735.5W）左右，纯铜离合器片和金属离合器片对应功率为 400 马力。高强度离合器片能够承受更强的发动机功率，但还是有限，所以很多厂家通过增加离合器片的数量变相地增加摩擦面积来增强承受能力，常见的有双片式离合器，很多赛车上甚至安装了三片式离合器和四片式离合器。其中，双片式离合器对应功率约为 600 马力，四片式离合器对应功率约为 1000 马力。在材质方面，有机离合器片静音表现很好，但是脚感和轻量化方面表现一般。碳纤维离合器片在脚感和轻量化方面表现很好，但是噪声较大。在构造方面，单片式离合器反应很快，但是耐高温能力和对应功率较低。双片式离合器耐高温能力强、对应功率高、脚感舒适，而且能够相对柔和地传输动力，但是反应较慢，在起步时甚至会出现打滑现象。

有机离合器片，对应功率为300马力左右

图 5-1　有机离合器片

碳纤维离合器片，对应功率为500马力左右，配合轻量化离合器盖，使操控更加快速和轻便。

图 5-2　碳纤维离合器片

下面以多片式离合器为例进行介绍。多片式离合器有扩大摩擦半径的效果，例如将一片式离合器换成两片式离合器，就能把离合器的最大力矩提高一倍左右，而且其体积和质量可以做得比一片式离合器更小。AP 公司为 F1 赛车设计的多片式离合器（图 5-3），不到 10cm 的直径和约 3kg 的质量可传送近 1000 马力的功率。

简单来说，离合器技术可以分为两个不同的部分。离合器片上的接触面（点）数量是非常重要的一部分，也就是平时听到的"三爪""六爪"和"整面"，这些从字面意思就能很明确的知晓每种不同的设计以及离合器表面的样子（图 5-4、图 5-5）。另一部分，就是常听到的"单层（片）""双层（片）"和"三层（片）"，指的是离合器里离合片的数量。从理论上讲，离合片越多就会获得越多的表面积来传送力矩，较大的表面积，在承受更大的力的时候，离合片本身就能够在打滑前将力完全承受住。

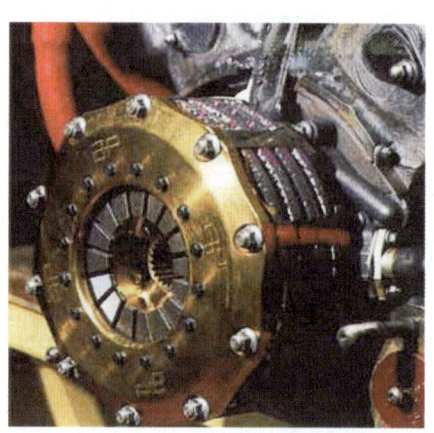

图 5-3　AP 公司为 F1 赛车设计的多片式离合器

2. 离合器的改装

离合器跟制动系统很相似，都是靠不同物质间的摩擦力来工作的。在释放离合器时，离合器片（摩擦盘）会被压到发动机的飞轮表面，两者之间的摩擦力把它们紧紧地连在一起，从而达到传递动力的效果。一款离合器可传递的最大动力是由离合片的摩擦半径、摩擦系数、摩擦面压强和离合片数量等因素决定的，情况就像制动系统的制动卡钳、制动片和制动盘的关系。一般来说，离合器的直径越大便能传递越强的动力，但由于离合片的摩擦半径受空间和飞轮大小的限制，通常没有很大的改动空间。因此，生产高性能离合器的改装商第一个要考虑就是摩擦盘的摩擦材料和改换高性能制动片，摩擦盘（摩擦材料）的摩擦系数越大，摩擦力越大，即可承受和传送的动力越大。第二个可以提高离合器动力承受值的方法是加强压盘弹簧的硬度，即以更大压力把离合片压向飞轮，因为压到飞轮上的压力（压强）越大，能产生的摩擦力越大。市面上大部分改装用的高性能离合器都是用以上其中一种或是两种强化方式来提升传递动力的能力和减少动力流失，带来的负面效果是离合器的接合动作不如原装离合器那么顺滑和离合踏板较重。

图 5-4　六爪离合器片与配套的压盘　　　　图 5-5　四爪离合器片与配套的压盘

二、自动离合器的改装

1. 自动离合器的定义

自动离合器（图 5-6）是针对手动档车型研发的一种智能离合器，在不改变原车变速器和离合器的基础上，加装了一套独立系统，由电控单元（ECU）来控制离合器的离与合，从而达到"开车不用踩离合"的效果。

液压式自动离合器在膜片离合器的基础上增加了电控单元（ECU）和液压执行系统，将由踏板操纵离合器油缸活塞改为由开关装置控制电动油泵操纵离合器油缸活塞。变速器电控单元（ECU）与发动机电控单元（ECU）是集成在一起的，根据加速踏板位置、变速器档位、变速器输入/输出轴转速、发动机转速和节气门开度等传感器的反馈信息，计算出离合器最佳的接合时间与速度。

自动离合器的执行机构由电动油泵、电磁阀和离合器油缸组成。ECU 发出指令驱动电动油泵，电动油泵产生的高压油液通过电磁阀输送到离合器油缸，通过 ECU 控制电磁阀的

图 5-6　自动离合器

电流量来控制油液流量和油液的通道变换，实现离合器油缸活塞的移动，从而完成汽车起动、换档时的离合器动作。

具有自动离合器装置的汽车与自动变速器（AT）和无级变速器（CVT）汽车相比，它在运行经济性方面有优势，因为它的变速器是手动变速器，因此耗油比较低，制造成本也低于 AT 和 CVT。当然，汽车操纵的便利性逊色于 AT 和 CVT，毕竟它装配的是手动变速器，仍然要手动换档。

2. 自动离合器的分类

传统离合器分为拉线式和液压式两种，自动离合器也分为两种：机械电机式自动离合器和液

压式自动离合器。机械电机式自动离合器的 ECU 汇集加速踏板位置传感器、发动机转速传感器、车速传感器等的信号，经处理后发送指令驱动伺服电动机，通过拉杆等机械形式驱使离合器动作。液压式自动离合器由 ECU 发送信号驱动电动液压系统，通过液压操纵离合器动作。

3. 自动离合器的工作原理

自动离合器主要通过机械、电子、液压实现自动控制离合器的分离和接合，由离合器驱动机构、电控单元（ECU）、档位传感器、线束、显示语音单元等部件组成，主要针对手动档车型设计，加装时不改变原车的结构。电控单元根据车辆状态（车速、转速、节气门开度、制动、换档）结合驾驶人的意图，模拟最优秀的驾驶技术，用最佳的时间与速度控制离合器驱动机构，使离合器快速分离和平稳接合，达到起步与换档平顺舒适，同时避免了空油与熄火；通过语音提示引导驾驶人正确操作，在保持手动档车型驾驶乐趣的同时，达到减轻驾驶疲劳、降低汽车油耗、保护发动机的目的。

4. 自动离合器的主要功能

自动离合器的功能如下：

1）档位显示：用数字、字母显示档位或故障码。
2）换档离合：换档时，离合器自动分离、接合。
3）起步爬行：起步时，不踩加速踏板也能够自动慢速行驶。
4）制动离合：制动过程中，离合器依据工况适时自动分离、接合。
5）熄火保护：转速过低时，离合器自动分离，依据工况适时接合，因此任何档位停车都不会熄火。
6）误操作保护：换档错误时，档位指示灯闪烁，离合器断续接合或分离。
7）自动调整：离合器操纵装置自动补偿摩擦片和机械构件的磨损。
8）智能控制：电控单元自动优化、调整运行参数。
9）故障检测：自动离合器自动判别故障，并储存故障码备查。
10）模式选择：自动离合器具有 8 种模式选择，有标准模式、舒适模式和运动模式等，同时可以自由调快一档起步的速度。

5. 自动离合器改装实例

自动离合器改装步骤及图示详见表 5-1。

表 5-1 自动离合器改装步骤及图示

序号	操作步骤	图示
1	全套自动离合器产品	
2	未安装前的自动变速器	

项目五　汽车底盘改装

（续）

序号	操作步骤	图示
3	把车的右侧蓄电池全部拆下	
4	准备好蓄电池、进气格、进气管	
5	驱动机构的安装	
6	安装油管油壶及其他机构	
7	车内电路调整及安装	
8	自动离合器电子控制单元的安装	

(续)

序号	操作步骤	图示
9	档位传感器的安装	

三、变速器的改装

变速器的改装分为两类。一类是手动变速器与自动变速器互换，这类较为常见。汽车厂家对量产车一般都配有自动变速器和手动变速器，用户在买车的时候就选好了变速器。由于某些原因，客户会要求把手动变速器更换成自动变速器，也有客户要求把原车配置的自动变速器改装成手动变速器。这样的改装在技术上和理论上难度都不大，都是可行的。另一类是换成一个传动比不同的手动变速器。手动变速器的升级主要有改装直齿变速器和序列式变速器。

1. 直齿变速器

以前的变速器都是直齿的（在老款的货车和摩托车上都可以见到），直齿变速器被淘汰的原因是在换档时动作比较突兀和噪声偏大，影响了乘坐舒适感。现代汽车的变速器因采用了斜齿设计并加装了同步器，降低了换挡时的顿挫感（对驾驶人的技术要求较低）和变速器的噪声，但却带来了换档速度较慢和动力流失较大等负面效果赛车一般使用直齿变速器。

2. 序列式变速器

序列式变速器的变速原理和直齿变速器一样，最大的分别是序列式变速器在换档时只需简单地推上或拉下变速杆，这设计不但加快了换档速度，更大大减低了换错档的可能（在比赛中换错档的后果往往是发动机因转速过高而爆缸），因此序列式变速器对分秒必争的专业比赛是有一定帮助的，但在民用改装车上这些优势并不明显。

四、差速器及差速锁的改装

差速器（图 5-7）可以让两侧车轮有转速差。车辆转弯时内侧车轮及外侧车轮的半径不同，所以转弯时两侧车轮的转速也不同。

在日常驾驶过程中，转弯时不会把车速开到极限，这时普通差速器就可以满足需求。对于注重性能的车型来说，如果安装的是普通差速器，在高速过弯时，当内侧车轮的附着力减小至一定程度时，差速器会把大部分力矩传递到内侧车轮，从而造成内侧车轮打滑、外侧车轮无力的情况，这样就使得车辆在过弯时不能够把动力传递到真正需要的车轮上，从而影响车辆过弯的速度。另外，当发生一侧驱动轮陷入泥潭等情况失去附着力时，如果车辆安装的是普通差速器将会很难脱困（图 5-8）。

为了避免上述问题，解决方法之一就换装限滑差速器。它能够在内、外侧车轮产生转速差时，内部的摩擦片能将两侧半轴连接起来，即使内侧车轮失去附着力时，外侧车轮仍然能够获得一定的驱动力来驱动车辆前行。在直线行驶时，左、右驱动轮的附着力和实际路况是不同的，这样会使左、右驱动轮出现转速差，此时限滑差速器同样会进行限滑。

项目五　汽车底盘改装

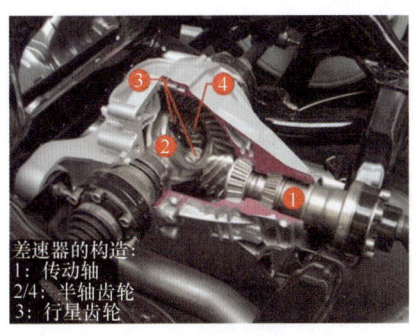

差速器的构造：
1：传动轴
2/4：半轴齿轮
3：行星齿轮

图 5-7　差速器

图 5-8　车辆陷入泥潭

限滑差速器分为很多种，作用基本相同，本任务主要介绍改装车中经常使用的机械式限滑差速器（图 5-9）。机械式限滑差速器一般分为 1Way、2Way 和 1.5Way 等型号，改装时需要根据驱动形式和实际需求进行选择。

  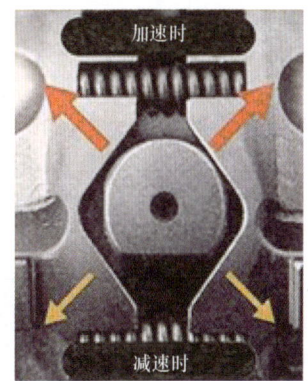

图 5-9　机械式限滑差速器

1Way 表示加速时限滑差速器才会限滑，减速时不限滑；2Way 表示加速和减速时限滑差速器均会限滑；1.5Way 表示加速和减速时限滑，但减速时限滑的程度只是加速时的一半。那么，在改装车辆时要怎样选择呢？

1Way 限滑差速器适合前驱车辆的前轴和四驱车辆的前、后轴使用。前驱车辆的前轮负责转向和驱动工作，在加速时限滑差速器介入，能够保证两侧驱动轮获得一定的驱动力。当碰到弯道需要减速时，如果限滑差速器仍然介入，会使车辆转向不足加剧，而且此时前轮强大的作用力会传至转向盘，使车辆变得很难操控，此时瞬间的反作用力有可能使驾驶人的手臂受伤，所以前驱车辆选择减速时不限滑的 1Way 限滑差速器比较合适（图 5-10）。

前驱车辆一般采用 1Way 限滑差速器，由于其转向和驱动均为前轮，减速时不介入是为了避免转向不足和提升操控精准度。

图 5-10　选用 1Way 差速器的前驱车

2Way 限滑差速器适合后驱车辆的后轴和四驱车辆的后轴使用。后驱车辆的后轮不负责转向（四轮转向车型除外），但是车辆同样会出现转向不足的情况。这种差速器一般用在需要做漂移动作的车辆上，这样能够保证车辆无论在加速和减速时驱动轮都能保持足够的驱动力，并需要驾驶人通过制动、离合、加速和转向等操作的介入，才能使车辆做出华丽、持久的漂移动作（图5-11）。

图5-11　选用2Way差速器的需要做漂移动作的车辆

1.5Way限滑差速器适合前驱车辆的前轴、后驱车辆的后轴和四驱车辆的前、后轴使用。前驱车辆安装1.5Way限滑差速器需要满足以下几点：

1）手臂能够承受减速时转向盘的反作用力，保证驾驶人能够进行灵活的操控。

2）减速时保持的驱动力带来的收益大于转向不足带来的负面影响。

后驱车辆安装1.5Way限滑差速器是比较折中的方案，因为当车辆减速时，如果安装的是2Way限滑差速器，会对车辆的转向操控带来一定影响，并且会使车辆产生转向不足的负面作用；而安装1.5Way限滑差速器，在减速时，不像2Way限滑差速器介入那么强烈，又不会丧失驱动力，能够在操控和驱动力之间维持相对平衡，使车辆的性能得到充分发挥（图5-12）。

图5-12　安装1.5Way差速器的奔驰C63

1. 任务描述

车主诉求：一位Polo轿车的车主想对爱车的变速器进行改装。

项目五　汽车底盘改装

2. 任务目的

1）掌握变速器改装的方法。
2）掌握拆装工具的使用方法。
3）能积极地参与任务，能与小组成员团结协作，能执行实训室 6S 规定。

3. 任务准备

1）知识准备：完成"任务一　传动系统的改装"的学习。
2）设备准备：组合工具、手套、抹布、演示课件（或操作视频）。

4. 任务步骤

1）老师演示或播放视频。
2）学生练习变速器改装（或老师演示时同步练习），并完成任务工单相应部分内容的填写。

5. 任务评价

序号	评价指标	评价内容	分值	评分标准	得分
1	准备工作	选择匹配的自动变速器	10	操作不当扣 1~10 分	
		准备拆装工具	10	操作不当扣 1~10 分	
		对汽车进行断电	10	操作不当扣 1~10 分	
2	拆卸	按照维修手册对原变速器进行拆装	20	操作不当扣 1~20 分	
3	安装	驱动机构的安装 油管油壶及其他机构的安装 车内电路开始调整及安装 自动离合器电子控制单元的安装 档位传感器的安装	35	操作不当扣 1~35 分	
4	调试	检查汽车功能是否正常	15	操作不当扣 1~15 分	
		总分			

任务二　行驶系统的改装

现有一辆原装的 Jeep 牧马人越野车，车主感觉自己爱车的车轮不够酷炫，但又不知道该如何改装。你能给他介绍一下关于汽车行驶系统改装的一些基本知识吗？

一、车架与车桥的改装

1. 车架

车架的作用是用于支承、连接汽车的各总成，使各总成在复杂多变的情况下保证正常的相对位置，并承受来自车内、外的各种载荷。

(1) 对车架的性能要求

1）有足够的刚度和强度。
2）车身高度低，降低重心，保证行驶稳定性。

3) 尽可能地减小质量（质量一般小于整车质量的10%），增加汽车动力性。

(2) 车架的结构类型

1) 边梁式车架：两根纵梁和若干根横梁焊接或铆接在一起。

2) 中梁式车架：中梁式车架又称为脊梁式车架，由一根贯穿汽车纵向的中央纵梁和若干根横向悬伸托架构成。

3) 综合式车架：综合式车架一般是由边梁式和中梁式车架结合而成的。

2. 车桥

(1) 作用　车桥（俗称车轴）通过悬架和车架（或承载式车身）相连，两端安装车轮，其作用是传递车架（或承载式车身）与车轮之间各方向的作用力及其力矩。

(2) 分类　按照用途的不同分为转向桥、驱动桥、转向驱动桥和支持桥；按照结构分为整体式车桥和断开式车桥（图5-13）。

图5-13　断开式车桥

3. 门式桥的改装

(1) 门式桥的定义　门式桥，简称门式桥（图5-14），也称为门轴，就是像门一样的桥。门式桥的主减速器轴线高于车轮轴线，门桥结构较普通桥拥有更大的最小离地间隙，也拥有更好的通过性。

(2) 改装门式桥的优缺点　改装门式桥就是将车轴外侧车轮处升高，原车的悬架、传动轴可不需要做任何更改，悬架行程、传动轴夹角与原车相同，最大限度地保留了整车的操纵性、平顺性；缺点是桥上的轮距增大了，在不换负值轮毂的情况下就超出很多，影响外观。

图5-14　普通桥（左）和门式桥（右）对比

(3) 门式桥的安装　门式桥安装过程见表5-2。

表5-2　门式桥安装过程

序号	操作步骤	图示
1	选择合适的门桥	

（续）

序号	操作步骤	图示
2	拆卸前轮轮胎及制动片	
3	安装门式桥	
4	更换大尺寸轮毂	
5	复检安装	

二、车辆平衡杆的改装

1. 平衡杆作用

平衡杆的作用是当左、右两车轮的水平高度不同时，产生防倾阻力抑制车身滚动。当左、右两边的悬架上下同步动作时，平衡杆不会产生作用，只有在左、右两边悬架因为路面起伏或转向过弯造成不同步动作时平衡杆才产生作用。

2. 平衡杆改装

平衡杆的硬度是由材质、杆身、杆径、杆臂的长度以及和杆身所成的角度所决定。杆身的长度越长则硬度越小，杆臂的长度越长其硬度越大。受限于车宽，杆身的长度几乎不太能改变，但杆径和杆臂的长度比较容易调整。一般来说平衡杆的材质都大同小异，所以要改变平衡杆的硬度都是通过改变杆径来达成。此外，改变悬吊臂与平衡杆臂的连接点就可改变杆臂的力矩，可调式平衡杆就是利用这个原理工作的。此外，把固定平衡杆的橡胶垫换成硬的材质会有不同的效果。在实际的测试中，使用一支直径0.8in（1in＝2.54cm）的平衡杆配上硬质的衬垫和使用直径1.0in

的平衡杆配上橡胶垫具有相同的效果。

3. 平衡杆的改装实例

平衡杆的改装操作步骤详见表 5-3。

表 5-3 平衡杆的改装

序号	操作步骤	图示
1	安装前顶吧	前顶吧安装于发动机舱左、右减振器上方
2	适当拧紧塔盘固定螺钉	
3	安装平衡杆并调试	

三、车轮的改装

1. 轮胎的改装

轮胎改装就是增大轮胎的扁平比,以使车辆转向过程中轮胎的响应更加灵敏且变形量更少,从而增加抓地力。

（1）轮胎品质的升级　换用等级更高的轮胎,例如使用速度级别更高的轮胎,或者使用帘布层级更高的轮胎。通过品质的升级,可以获得更美观的胎面花纹、更好的排水性能、更小的滚动噪声或更好的行驶稳定性等。

（2）轮胎尺寸的升级　在不改变轮胎直径的情况下,加大轮胎宽度和减小轮胎厚度。这样做的优点是:

1）在不改变轮胎直径情况下,加大轮胎宽度和减小轮胎厚度。
2）增大轮胎对地面的附着力,不容易打滑,缩短制动距离,提高安全性能。
3）转弯时轮胎的侧变形更小,方向稳定性更好,路感更清晰,提高操控性能。
4）宽薄轮胎更不易变形,高速性能更加稳定。

2. 轮毂的改装

改装轮毂后可达到以下效果：

1）外观更加动感，车体看起来更加饱满。
2）高速行驶的车辆操控更加稳定。
3）转弯会更加平稳，让驾驶人对自己的驾驶技术更加有信心，乘员乘车更加舒适。
4）因为轮胎更宽大，与地面的接触面积就越大，可以有效地提升制动效率。

3. 改装轮胎、轮毂注意事项

1）轮胎的外径必须基本不变，因为这个影响车辆 ESP 稳定系统、仪表显示等，所以一定要和原配轮胎外径基本不变，尽量做到误差在 3% 以内（误差越小越好）。
2）升级后的轮胎的负荷指数及速度级别不得低于原配轮胎。这个一定要注意，关系到行车安全。
3）原车前、后轮胎规格相同的，建议升级后的轮胎前、后规格也相同。如今很多后驱车辆车主喜欢升级后轮轮胎使其宽于前轮（原厂设定前、后轮胎规格相同），这样可能会破坏原厂的设定调校。原车前、后轮胎规格不同的，升级后的轮胎建议前、后不同。
4）同一车轴上选择完全相同的轮胎。
5）轮毂的中心孔直径和孔距必须和原配轮毂相同。孔距若不相同，将无法进行装配。中心孔直径不能通过加套环来达到相同的效果，会影响汽车的稳定性。
6）偏距值最好和原配轮毂相同，确实无法做到相同时，建议相差不要超过 10mm。

4. 轮胎、轮毂的选择

轮毂直径由已选择的轮胎直径确定，如 18in（1in = 2.54cm）轮胎只能选择 18in 的轮毂来搭配；轮毂宽度可根据选择的轮胎宽度来确定，一般来说其对应选择详见表 5-4。

表 5-4 轮毂宽度常用的对应轮胎宽度

轮宽/in	胎宽/mm		
5	165	175	185
5.5	175	185	195
6	185	195	205
6.5	195	205	215
7	205	215	225
7.5	215	225	235
8	225	235	245
8.5	235	245	255
9	245	255	265
9.5	265	275	285
10	295	305	315

每只轮胎上一般都会标示有最佳适配的轮毂宽度尺寸，可照其选择。

四、悬架的改装

悬架是车架（或承载式车身）与车桥（或车轮）之间弹性连接装置的统称，其功用是传递作用在车轮和车架之间的力和力矩，缓冲由不平路面传给车架或车身的冲击力，并衰减由此引起的振动，以保证汽车能平顺地行驶。汽车悬架改装主要是对弹簧和减振器进行改装，其目的是提高汽车行驶的平顺性、操纵稳定性和舒适性。

现在有很多种弹簧改装的方案，常见的有短弹簧、运动套装和绞牙减振器等。

1. 短弹簧的改装

短弹簧（图 5-15）相比原厂弹簧要短一些，而且更加粗壮。安装短弹簧，能够有效降低车身重心，减少过弯时产生的侧倾，使过弯更加稳定、顺畅，提升车辆弯道操控性。原厂减振器的阻尼设定偏向舒适，所以短弹簧和原厂减振器在配合上不稳定，它不能够有效地抑制短弹簧的回弹和压缩，行驶在颠簸路面时，会有一种不适的跳跃感。长此以往，减振器的使用寿命会大大减短，而且还有可能出现漏油的情况。更换短弹簧是降低车身高度最实惠的改装方案，但短弹簧对操控性能的改善很有限，而且还有很多弊端，所以在改装前一定要明确自己的目的。

2. 运动套装的改装

运动套装（图 5-16）包含短弹簧和减振器，跟原厂件的构成和工作原理基本相同，相比短弹簧与原厂减振器的组合，运动套装的弹簧与减振器的配合更加稳定，减振器的阻尼可以完全配合弹簧的回弹和压缩，有些品牌的减振器可以根据驾乘者的需求进行阻尼调节。

图 5-15　短弹簧

图 5-16　运动套装

更换运动套装能够有效地改善车辆的操控性能，非常适合对车辆操控性能有一定要求的车主，当然价格相比短弹簧来说会昂贵一些。

3. 绞牙减振器的改装

绞牙减振器（图 5-17）具备软硬、高低、阻尼可调等功能，可以根据个人的需求，在一定范围内调整出个人想要的设置。绞牙减振器可以在不更换弹簧和减振器的情况下大幅改善车辆的操控性能。

图 5-17　绞牙减振器

4. 悬架系统的改装

前面介绍了常见的一些悬架系统改装方案，而车辆的悬架系统是一个较为复杂的机构，不同

项目五　汽车底盘改装

的搭配与调校都会影响车辆最终行驶性能的发挥，不同的设定下的行驶特性也有着天壤之别。

改装悬架系统最初的目的是提高车辆的行驶性能，但随着改装文化的不断发展，为了营造夸张视觉效果的一些特殊风格改装会涉及悬架系统。如 HellaFlush、VIP 等，这些只是为了达到低趴或夸张外倾角的改装，虽然看上去非常酷炫，但并不是以提升行驶性能为目的的（甚至会恶化操控性能）。

改装悬架系统，除了需要保持原厂悬架具有吸收起伏不平路面带来的振动，使轮胎尽可能地贴附于地面的功能外，还需要减少行驶中重量转移的幅度，从而优化行驶性能。除了减轻车身重量的方法，对悬架系统进行改装也可以达到减少重量转移的目的。

1. 任务描述
车主诉求：一位天籁轿车的车主想让汽车行驶时更加平稳，要求加装横向稳定杆。

2. 任务目的
1）掌握横向稳定杆加装的方法。
2）掌握工具的使用方法。
3）能积极地参与任务，能与小组成员团结协作，能执行实训室 6S 规定。

3. 任务准备
1）知识准备：完成"任务二　行驶系统的改装"的学习。
2）设备准备：组合工具、手套、抹布、演示课件（或操作视频）。

4. 任务步骤
1）老师演示或播放视频。
2）学生练习加装横向稳定杆（或老师演示时同步练习），并完成任务工单相应部分内容的填写。

5. 任务评价

序号	评价指标	评价内容	分值	评分标准	得分
1	准备工作	选择相匹配的横向稳定杆	10	操作不当扣 1~10 分	
		准备拆装工具	10	操作不当扣 1~10 分	
		举升并固定汽车	20	操作不当扣 1~20 分	
2	安装	安装平横杆（先不要固定以便调试）	20	操作不当扣 1~20 分	
		调试并及时进行调整	20	操作不当扣 1~20 分	
3	验证	落下汽车	10	操作不当扣 1~10 分	
		检查汽车功能是否正常	10	操作不当扣 1~10 分	
		总分			

 任务三　制动系统的改装

现有一位大众高尔夫 R 轿车的车主，对自己爱车的制动效果不满意，想对制动系统进行改装，但是不知道该如何做。你能给他介绍一下制动系统的基本知识吗？

一、制动片的改装

汽车制动片俗称制动器衬片,是汽车制动系统重要的安全部件。制动效果的好坏都是通过制动片体现出来的,制动片的好坏直接影响汽车的制动性能,关系到汽车驾乘人员的生命和财产安全。

1. 制动片的组成材料

制动片主要由黏结剂、增强纤维、摩擦性能调节剂、填料四大部分组成。

黏结剂是摩擦材料中的一个最重要的组元,它可以影响材料的热衰退性能、恢复性能、磨损性能和机械性能,一般有热固性、热塑性、橡胶类和复合型类几种。汽车摩擦材料中一般采用的是热固化型黏结剂,具体的材料主要有酚醛树脂、三聚氰胺树脂、环氧树脂、硅树脂和聚酰胺树脂等,应用最广泛的是酚醛树脂及其改性树脂。改性的目的是改善树脂的高温性能。为了提高黏结剂的高温性能,有些汽车摩擦材料采用了聚酰亚胺树脂,但这种树脂成本太高,不利于普及。

增强纤维也是摩擦材料的主要组成,有增强基的作用,传统材料用的是石棉等矿物纤维,半金属汽车摩擦材料中使用的是钢纤维,同时加入少量铜纤维及其少量矿物纤维。近年来,增强纤维的种类越来越多,其中最引人注目的是芳纶(Kevlar)的应用。有机纤维的加入,可以降低材料的密度、减小其磨损量,但同时会降低材料的摩擦系数。为了提高摩擦材料在各温度段的稳定性及其纤维和黏结剂的亲和性能,在实际应用中往往将多种纤维混合使用。

摩擦性能调节剂可以分为两种,一种是减摩材料,莫氏硬度一般小于2,它的加入可提高材料的耐磨性,减小噪声及降低摩擦系数。这类材料主要有石墨、二硫化钼、铅、铜等。另一种是摩阻材料,莫氏硬度一般大于4,它的加入可以增加材料的摩擦系数。大部分无机填料和部分金属及其氧化物属于这一类。加入摩擦性能调节剂主要是为了调节材料的热稳定性能以及其工作稳定性。

填料主要以粉末的形式加入。填料的作用很多,例如加入铜粉可以在摩擦材料和对偶件间形成转移膜,既能提高摩擦力矩和稳定摩擦系数,又能减小对对偶件的损伤,提高整个摩擦副的耐磨性能;加入硫酸钡,可以提高材料的密度。

2. 制动片的分类

(1) **按类型分类** 汽车制动片从类型上分:用于盘式制动器的制动片、用于鼓式制动器的制动蹄,用于大型货车的制动片。制动鼓上装的是制动蹄,制动片统指制动片和制动蹄。

(2) **按配方分类**

1) 半金属制动片:半金属制动片是采用金属纤维(也可能含有其他纤维)制成的制动片,这是目前使用最广泛的产品,性能稳定、价格适中。

2) 无金属制动片:无金属制动片一般指不含金属,采用芳纶、玻璃纤维等材料的制动片,各家产品的差异很大,好的优于半金属的、差的可能不如半金属的。

3) 碳纤维制动片:碳纤维制动片需要与碳纤维制成的制动盘配合使用,性能极好,价格昂贵,目前只有高档的汽车才会采用。

4) 陶瓷纤维制动片:这种制动片的性价比极好,推荐使用,可以直接替换原有的普通制动片。

3. 性能评测指标

(1) **制动性能** 制动性能是指在正常制动状态(制动温度比较低的情况)下,制动片的制动能力(摩擦系数)。制动片的摩擦系数不是越大越好,而是要在综合性能方面取得平衡,以符合整车的设计要求。

（2）衰退性能　在山路、下坡路等路况下，制动器连续制动，温度迅速上升，制动盘可能会达到 400～500℃ 甚至超过 700℃ 的高温，制动片的制动能力会变差，制动距离增加。这种现象叫"衰退"。优质制动片的衰退率很小，有些甚至不衰退。

（3）恢复性能　经过高温衰退的制动片，当温度下降后，是否能尽快恢复原有的制动性能，也是衡量制动片好坏的重要指标。

（4）磨耗　磨耗是指制动片使用时的磨损情况。制动效果情况取决于摩擦材料的配方和工艺，例如碳纤维制动片可以用数十万千米无需更换。除了制动片本身的磨损，还要考虑制动盘的磨损。在制动过程中，优质的制动片会在制动盘摩擦表面生成一层保护膜，减少制动盘的磨损，而劣质制动片含有大量硬点和杂质，会在制动盘表面划出许多沟槽，加速制动片和制动盘的磨损。

（5）噪声　引起制动噪声的因素很多，制动片只是其中之一。一般认为，制动片硬度太高，就容易产生噪声。

（6）其他　剪切强度、硬度、压缩率、热膨胀、吸水率、粘附性等性能指标。

4. 制动片改装建议

工作温度只是制动性能中的一个指标，最终决定制动力大小的还是制动片摩擦力的大小。不同品牌或型号的制动片的制动效果不同。在选购制动片时，先参阅制动片包装上的特性说明，找到适合自己驾驶习惯的高性能制动片。

原厂的制动片由于要综合考虑成本、耐用性、清洁（制动粉）和低温功效等因素，一般摩擦系数不会很大（大概在 0.4 以下），而且大多不可以承受超过 300℃ 的温度，因此在连续多次使用后便会发生效能衰退。所以，更换高性能的制动片是改装制动系统的第一步。

选择高性能制动片时要注意不要只考虑大摩擦系数和超高温。若摩擦系数太大，会使得慢速行驶时的制动动作变得太敏感，每次轻触制动踏板都会令车上的乘员前仰后合；此外，制动盘会因磨损增大而减少使用寿命。

耐高温型号的制动片在低温时的效果其实并不好，例如，IDIC3 型制动片，其工作温度是从 300℃ 开始，因此，比赛的车手在热身圈时就会不时一边加油、一边制动来令制动片进入工作温度。其实一般车迷可选购工作温度在 0～500℃、摩擦系数值在 0.4 以上的"运动型"制动片，它能满足大部分情形的需要。

市场上一些改装车间能向消费者公示制动片摩擦物料成分的数据，但实际上摩擦力的计算受环境因素影响相当大，例如温度、湿度和被摩擦的物料不同，最终产生的摩擦力会完全不同。因此，市场上出售的制动片卷标上都没有摩擦力数值，选购时也没有直接方法能进行比较。

二、制动钳的改装

更大的多活塞制动钳（图 5-18）能直接提高制动性能。制动钳越大，配用制动片的总面积越大；制动钳活塞越多，施加在制动块上的压力和产生的温度就越均匀，同时增加了活塞的总面积，制动效果就好。

目前，市场上改装用的制动钳分为原装和非原装两种，原装的产品通常是采用较大直径或多个活塞的设计。非原装的制动钳基本都是赛车用产品，并且采用多活塞的设计，安装时必须配合俗称"桥"的特制转接支架。这类产品除了活塞施压面积较大之外，重量都特别轻，能减轻悬架负重而加快悬架活动速度。若配合直径较大的制动盘使用，这些轻量制动钳便可抵消制动盘增加的质量。

图 5-18　多活塞制动钳

三、制动盘的改装

制动盘的作用是提供制动力和散热。改装制动盘有 3 个途径：加大盘面尺寸（需要考虑轮辋大小的限制）、盘面画线和使用通风碟。

大多数街车的制动油管是用有可塑性的材料（如橡胶）制造，较容易在接口处漏油和吸入水分，而且在高强度制动时会受热、受压膨胀，令制动踏板行程变长和影响踏板的感觉。带钢丝编织物制造的赛车用制动油管（图 5-19）不但耐热，而且坚固的钢丝层能提供很好的保护，使制动油管受外物刺破的可能性大减，是一项值得投资的改装。

图 5-19　制动油管

制动油最好是选择 DOT4 制动油，因为 DOT5 制动油吸附水分的速度比 DOT4 制动油快一些，DOT5 制动油的腐蚀性更强，这就会造成更换制动油、更换金属油管的周期更短一些。

制动盘改装过程见表 5-5。

表 5-5　制动盘改装过程

序号	操作步骤	图示
1	选择合适的制动盘	
2	打磨清洗	
3	安装制动盘	

项目五　汽车底盘改装

（续）

序号	操作步骤	图示
4	紧固轮毂螺栓	
5	安装完成	

任务实施

1. 任务描述

车主诉求：一位宝来轿车的车主想提升爱车的制动性能，要求对制动系统进行改装。

2. 任务目的

1）掌握制动系统的改装的方法。
2）掌握工具的使用方法。
3）能积极地参与任务，能与小组成员团结协作，能执行实训室6S规定。

3. 任务准备

1）知识准备：完成"任务三　制动系统的改装"的学习。
2）设备准备：组合工具、手套、抹布、演示课件（或操作视频）。

4. 任务步骤

1）老师演示或播放视频。
2）学生练习改装制动系统（或老师演示时同步练习），并完成任务工单相应部分内容的填写。

5. 任务评价

序号	评价指标	评价内容	分值	评分标准	得分
1	准备工作	选择相匹配的制动系统	10	操作不当扣1~10分	
		准备拆装工具	10	操作不当扣1~10分	
		举升并固定汽车	10	操作不当扣1~10分	
2	拆卸	将原厂制动系统拆除后，用钢刷把轴承部分做好清洁、涂抹隔音胶	20	操作不当扣1~20分	
3	安装	制动盘固定、安装桥码和卡钳、精确测量卡钳位置、紧固螺钉、安装制动片+固定压板	20	操作不当扣1~20分	
		制动油排空气、检查是否漏油	20	操作不当扣1~20分	
4	验证	检查制动功能是否正常	10	操作不当扣1~10分	
		总分			

底盘保护的改装

任务导入

小王是一位私家车主,他想对自己爱车的底盘进行一下保护,但是不知道应该如何改装。你能告诉小王关于汽车底盘保护改装的一些基本知识吗?

知识准备

一、底盘封塑的改装

封塑是在底盘上喷涂一种特殊的弹性胶质材料(图5-20),将底盘及裸露的钢板完全包裹起来。经多次喷涂弹性胶质材料形成底盘保护层,厚度一般为1.5~2.5mm。

1. 底盘封塑的作用

(1) 防腐蚀和防锈 因为采用特殊材料将底盘与外界隔开,所以车辆行驶在一些泥路或者雨天的时候,可以防止一些酸雨或者污渍对底盘进行腐蚀,而且即使停在雨中也不会使底盘上的一些零部件生锈。

(2) 防止撞击以及拖底 对于一些经常行驶在路况较差的车辆来说特别有用,不用担心小石子等溅起对底盘造成伤害,而且行驶过一些减速带的时候可以避免拖底现象出现。

图5-20 底盘封塑

(3) 隔声降热 在冬季特别有用,因为冬季温度很低,冷热空气大多集中在车辆的底盘上进行交换,如果进行底盘封塑,可以提高车辆能量的利用;封塑具有良好的隔声效果,可减小摩擦所产生的噪声,从而增加行车舒适性。

(4) 减小车辆振动 对于一些不平路面,由于路面的振动频率有可能跟底盘产生一定的共鸣效应,从而使车内乘员的舒适性减低,封塑后可以消除一部分的共鸣。

2. 汽车底盘封塑的注意事项

对于车主来说,最好在购车几年后进行一次底盘封塑,新车一般不用进行封塑,因为新车厂家在生产过程一般都会给车辆的底盘进行封塑。在进行底盘封塑前应该先清除底盘油污,使用专用去污剂把沥青、油污等彻底清除干净,在封塑过后应该进行二次喷涂处理(图5-21)。

图5-21 二次喷涂

二、底盘装甲的改装

底盘装甲即底盘防撞、防锈、隔声涂层,是一种高科技的黏附性橡胶沥青涂层。汽车底盘装甲无毒、遮盖率高、附着性高,可喷涂在车辆底盘、轮毂、燃油箱、汽车下围板、行李舱等暴露部位,快速干燥后形成一层牢固的弹性保护层,可防止飞石和沙砾的撞击,避免潮气、酸雨、盐分对车辆底盘金属的侵蚀,防止底盘生锈和锈蚀,保证行车安全。

底盘装甲具有以下作用:

项目五　汽车底盘改装

（1）**防敲击**　汽车在砂石路等较差路面行驶的过程中，难免会溅起一些碎石子等，进而对汽车底盘造成敲击，对汽车底盘造成损害。喷涂了汽车底盘装甲之后，可以避免碎石子等对车底盘的敲击，从而保护汽车底盘。

（2）**防托底**　在车辆使用过程中，难免会有一些凸起的地方会对汽车底盘造成磨损，如果汽车底盘喷涂了汽车底盘装甲，则可以防止汽车底盘被磨损，更好地保护汽车底盘。

（3）**防腐蚀**　我国南方的雨季较长，在行车时，很容易有酸雨溅入车底盘内，会对车辆底盘造成腐蚀，而且每次洗车后的污水也会有所残留，进一步腐蚀汽车底盘。喷涂汽车底盘装甲则可以避免这些不必要的腐蚀了。

（4）**隔热**　在炎炎夏日，面对极高的地表温度，车辆底盘很容易把热气传导至车内。如果车内开了空调，则需要更多的油耗来降低车内的温度。如果喷涂了汽车底盘装甲，则可以大幅度地把热量隔绝在外，并保持车内的温度，从而减少油耗。

底盘装甲改装步骤见表5-6。

表5-6　底盘装甲改装步骤

序号	操作步骤	图示
1	拆卸车轮	
2	对不喷底盘装甲的部位进行防护	
3	喷涂	
4	清洗工具	
5	施工完成	

三、底盘护板的改装

底盘护板是在需要特殊保护的发动机、变速器、传动机构等总成下方安装的保护板,有塑料护板和钢护板两种。塑料护板能减轻托底对底盘总成造成的伤害。高质量的钢护板能有效防止托底对底盘总成造成的伤害。

1. 底盘护板的作用

底盘护板可以保护底盘,对发动机和油路也有一定的保护作用,在野外作业较多的车辆建议安装底盘护板。

2. 底盘护板的种类

目前市面上的底盘护板有3种。

（1）塑料护板 这种底盘护板的重量较轻,而且是多数汽车厂原带的护板,安装的时候不需要进行改良工作。它在汽车行驶的过程中可以降低风阻,防止小石子等对发动机造成影响。

（2）树脂护板 这种护板的材质相对较轻,散热较慢,但比金属护板稍微好一些。树脂护板被小石子等撞击之后,不会出现较大的变形,但对于较严重的撞击,树脂护板不能发挥有效的保护作用。

（3）金属护板 这种护板比较坚固,车辆在路面上行驶时,金属护板几乎不太会被击穿;其缺点是质量太大,很容易导致汽车的油耗增加,出现下沉的状况时,金属护板很容易阻碍发动机下沉。

3. 底盘护板的选用

（1）选择专车专用的护板 由于部分发动机护板的设计不够科学,很容易导致在车辆出现碰撞时发动机下沉,影响到车厢内人员的安全,应尽量选择正规、设计合理的底盘护板,能够有效地避免出现以上问题。有些护板做了镂空的设计,与车身处连接,能够很好地解决汽车碰撞时发动机下沉的问题,护板也可以做一个有效的支撑。

（2）选择带散热孔的护板 在汽车安装底盘护板之后,很有可能会影响到其散热功能。这也是一部分车主忧虑的问题及不安装护板的原因。可以选择带有小孔的底盘护板,在安装这种底盘护板之后,在车辆快速行驶的过程中,因为底盘护板上有散热孔,所以不会对发动机散热造成过大的影响。

4. 底盘护板的安装

底盘护板改装的步骤见表5-7。

表5-7 底盘护板改装的步骤

序号	操作步骤	图示
1	选择合适护板	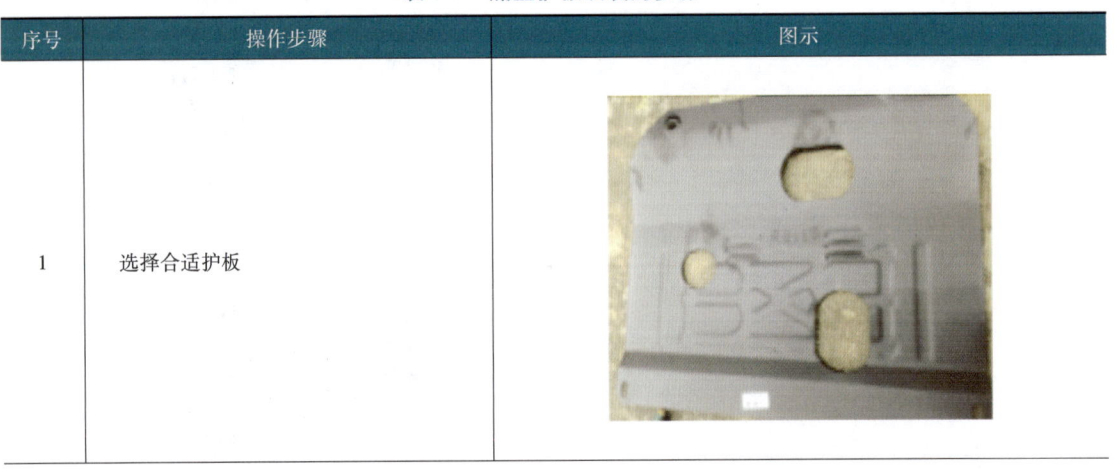

（续）

序号	操作步骤	图示
2	举升车辆	
3	安装螺钉	
4	安装完成	

##

1. 任务描述
车主诉求：一位大众速腾轿车的车主想对自己的爱车进行底盘装甲。

2. 任务目的
1）掌握底盘装甲的方法。
2）掌握工具的使用方法。
3）能积极地参与任务，能与小组成员团结协作，能执行实训室 6S 规定。

3. 任务准备
1）知识准备：完成"任务四　底盘保护的改装"的学习。
2）设备准备：举升机、高压水枪、装甲材料、演示课件（或操作视频）。

4. 任务步骤
1）老师演示或播放视频。
2）学生练习底盘装甲（或老师演示时同步练习），并完成任务工单相应部分内容的填写。

5. 任务评价

序号	评价指标	评价内容	分值	评分标准	得分
1	清洁	举升汽车、拆除翼子板保护胶板	15	操作不当扣 1~15 分	
		用高压水枪清洗底盘	15	操作不当扣 1~15 分	
2	遮盖	对不进行装甲的部位进行遮盖	20	操作不当扣 1~20 分	
3	喷涂	多次喷涂、逐渐加厚	35	操作不当扣 1~35 分	
4	干燥	根据天气在合适的时间进行干燥	15	操作不当扣 1~15 分	
总分					

项目六　汽车电气系统改装

通过完成本项目的学习，应达成以下目标及要求：
1. 了解汽车电气设备改装的原因及注意事项。
2. 掌握汽车灯光系统改装的基本知识。
3. 掌握汽车电器设备改装的基本知识。
4. 掌握常见改装项目的施工流程。
5. 掌握汽车改装工具的操作方法。

任务一　灯光系统的改装

卢先生是一位私家车主，他想让自己的爱车车灯更炫酷一些，但是他不懂如何改装车灯。请你根据所学的知识，给卢先生讲解一下车灯可以做哪些改装，在改装过程中需要注意哪些事项。

一、氙气前照灯的改装

氙气灯也称 HID，即高压气体放电灯（图 6-1b）。氙气灯是重金属灯，在抗紫外线水晶石英玻璃管内填充多种化学气体，如氙气等惰性气体，然后透过增压器将车载 12V 电源瞬间增至 23000V，在高电压下，氙气会被电离并在电源两极之间产生光源。氙气灯的性能较卤素灯（图 6-1a）有了显著提升，它的光通量是卤素灯的 2 倍以上，电能转化为光能的效率比卤素灯提高了 70% 以上。

a) 卤素灯　　　　b) 氙气灯

图 6-1　前照灯

与普通灯泡相比，氙气灯泡有两个显著的优点：一是，氙气灯泡拥有比普通卤素灯泡高3倍的光照强度，耗能却仅为其2/3；二是，氙气灯泡采用与日光近乎相同的光色，为驾驶人创造出更佳的视觉条件。氙气灯光照范围广、光照强度大，大大地改善了驾驶的安全性和舒适性。

(1) 氙气灯的优点

1) 亮度高。亮度的单位是流明，流明越大亮度越高。一般的55W的卤素灯只能产生1000流明的光，而35W的HID能产生3200流明的光，亮度是卤素灯的3倍，因此HID比其他车灯照得更高、更广、更远，可大幅减少夜间行车事故。

2) 色温高。HID可以制造出4000~12000流明的色温光，接近正午日光的颜色，人眼的接受度及舒适度最高。

3) 使用寿命长。HID是利用电子激发气体发光的，并无钨丝，因而使用寿命长，一组HID气体放电灯使用寿命大约为3000h。

4) 耗电少。HID的功率一般只有35W，而普通车灯的功率一般为55W。

5) 应急性好。当电源系统出现供电问题时，HID会延迟几秒才熄灭，给驾驶人更多处理紧急情况的时间，可极大地减少夜间行车事故。

(2) 氙气灯的组成　氙气灯一般由灯头（氙气灯泡）、电子镇流器（也叫做安定器、稳压器等）和透镜等组成（图6-2）。灯泡是发光的主要单元，色温与亮度都取决于它。安定器是为灯泡驱动时提供23000V的瞬时高电压的设备，同时具备保护电路过载、控制驱动电流的作用。透镜是约束光线，使光线集中在一个区域。

a) 氙气灯泡　　　b) 透镜　　　c) 安定器

图6-2　氙气灯的组成

(3) 氙气前照灯的改装步骤　氙气灯与卤素灯相比有不少优越之处，甚至逐渐成为中高端车型的基本配置。但是氙气灯的改装十分麻烦。氙气灯电路连接图6-3所示。安装步骤包括防尘套的开孔、电路的更改、电源的接驳、安定器的放置等。

图6-3　汽车通用型氙气前照灯线路连接图

氙气前照灯改装的步骤详见表6-1。

项目六　汽车电气系统改装

表 6-1　氙气前照灯改装的步骤及图示

序号	操作步骤	图示
1	选择合适的氙气灯	
2	拆下近光灯的防尘罩	
3	拆卸弹簧固定夹	
4	取下原灯，安装氙气灯、安定器	
5	连接电路。安定器上有2条线口，一条与氙气灯上的电源进行连接，另一条与原车的电源进行连接。注意连接的电源线颜色要一致	
6	安装固定。线扣连接完成后，盖上安定器与防尘盖，然后用铁箍将其固定	

（4）改装车灯常见故障　随着改装车灯的普及，一个倍受关注的问题常被车友们提及，那就

是前照灯起雾、进水。灯罩内起雾的情况大多是由较大的温度差引起，冬季和雨水多发的季节最容易出现这种现象。遇到这种情况，不必过于担心，车灯在开启一段时间后，雾气会随着热气通过通气管排出灯外，这基本不会损伤前照灯和电器电路。前照灯进水是指前照灯内形成积水，灯罩内壁附着有大颗粒水珠，短期内无法自行消散。此种情况是前照灯密封出现问题，是不正常的。很多前照灯进水的情况都是由于改装前照灯透镜时的手艺不精造成的，而有些不负责任的改装店会以各种借口推卸责任，比如由于氙气前照灯热量低，透镜吸收了一定热量，使得水汽蒸发速度慢等。

(5) 灯光改装误区

1) 氙气前照灯不加透镜。不加透镜的氙气前照灯的灯光将呈散射状态，不仅使得驾驶人看不清道路，还会影响到其他人。

2) 车灯贴膜。熏黑前照灯是不少整车厂推出的个性车灯。个人随意更改或通过贴膜达到"黑"车灯的效果，往往伴随着车灯光照度的损失，影响行车安全。

3) 过于追求亮度。换用功率大的灯泡后，工作时电流与热量会成倍增加，不仅影响灯具的使用寿命，也影响汽车电路的稳定，严重者还会造成车辆自燃的风险。

4) 过于追求高色温。超出标准的高色温灯源所发射的灯光会使人感到"刺眼"，给行车安全带来隐患。

5) 过于追求廉价。作为汽车用电设备，汽车灯光的改装切不可图便宜，以免造成汽车电路瘫痪，甚至造成汽车自燃。

二、日间行车灯的改装

日间行车灯（图6-4）源自于英国、加拿大以及北欧等常年受到气候影响、白天多雾的国家。由于能见度不高，汽车厂商开发出LED日行灯，后来逐步被效仿。

图6-4 日间行车灯

早期的日间行车灯采用的多是卤素灯泡，耗电量不大。随着科技的进步，现在的日间行车灯多采用高亮度的LED配置，能大幅降低达35%的电量，其最长使用寿命可达8000h，几乎等同于车辆的使用年限。从周围环境角度看，日间行车灯可提高可见度，同时让机动车更显著，这项为在白天使用而专门研究的技术比现有照明装置更直接和有效，如果装有日间行车灯，道路使用者（包括行人、骑车的人和驾乘机动车的人）可以更早、更好地察觉和识别机动车。在黑暗中，驾驶人如果打开普通车灯，则日间行车灯自动关闭。对于汽车的日间行车灯，很多消费者会认为其主要的功能是装饰，而实际上，这个配置对行车安全会起到很大的作用，它可以提供车辆的被辨识性。据统计，开启日间行车灯可降低12.4%的车辆意外，同时可降低26.45%的车祸死亡概率。

日间行车灯改装步骤，详见表6-2。

项目六　汽车电气系统改装

表 6-2　日间行车灯的改装步骤及图示

序号	操作步骤	图示
1	作业前准备工具	
2	拆卸灯槽。灯槽都是卡上去的,用毛巾包着螺钉旋具将其敲下来就行,注意用力均匀,别把卡槽撬断	
3	将两灯罩进行对比。上面的是原灯罩,下面的为带 LED 日间行车灯的灯罩	
4	先把车轮向右转到极限位置,将左边 3 个螺钉拆下,留出空间操作日行灯接线	
5	露出雾灯	

(续)

序号	操作步骤	图示
6	将日行灯线从雾灯侧面的缺口塞到里面	
7	连接雾灯与控制盒里的左边日行灯线接头	
8	把灯罩顺卡槽扣好	

三、转向灯的改装

转向灯（图 6-5）是在机动车辆转向时开启以提示前、后、左、右车辆及行人注意的重要指示灯。转向灯灯管采用氙气灯管，单片机控制电路，左、右轮换频闪不间断工作。转向灯采用闪光器实现灯光闪烁。布置在两侧的转向灯通常会与前照灯设计为一个灯组，前转向灯就像眼睛的眼影部分，优秀的设计师会充分发挥它的美化效果。其主要用于向其他道路使用者表明车辆动态。转向灯安装于车辆外侧，左侧灯亮表示左转，右侧灯亮表示右转，分为前转向灯、后转向灯和侧转向灯（辅助转向灯）。

图 6-5 转向灯

有很多汽车安装了带有指向性流动的转向灯，相比传统的转向灯更有创意，这种转向灯被称为 LED 流动式转向灯。比如奥迪 A6L、奥迪 A7、奥迪 A8L、奥迪 Q7，包括 TT 和 R8 在内，都已经换上了可以"流动"的转向灯。现在越来越多的私家车主开始改装这样的转向灯（图 6-6）。

项目六　汽车电气系统改装　　135

图 6-6　流动式转向灯

LED 流动式转向灯改装的步骤详见表 6-3。

表 6-3　LED 流动式转向灯改装的步骤及图示

序号	操作步骤	图示
1	选择合适的带有 LED 灯带的转向灯	
2	拆卸前保险杠，准备布线	
3	将转向灯上的螺钉拆掉	
4	在配电盒上进行取电测试，并完成布线	

(续)

序号	操作步骤	图示
5	更换新灯	
6	改装完成，进行测试	

任务实施

1. 任务描述
车主诉求：一位长安逸动轿车的车主想要将前照灯改装成氙灯。

2. 任务目的
1）掌握照明系统改装的方法。
2）掌握拆装工具的使用方法。
3）能积极地参与任务，能与小组成员团结协作，能执行实训室 6S 规定。

3. 任务准备
1）知识准备：完成"任务一 灯光系统的改装"的学习。
2）设备准备：组合工具、手套、抹布、演示课件（或操作视频）。

4. 任务步骤
1）老师演示或播放视频。
2）学生练习改装氙灯（或老师演示时同步练习），并完成任务工单相应部分内容的填写。

5. 任务评价

序号	评价指标	评价内容	分值	评分标准	得分
1	选灯	选择合适的氙灯	10	操作不当扣 1～10 分	
2	拆卸	拆卸前保险杠，准备布线	15	操作不当扣 1～15 分	
		将转向灯上的螺钉拆掉	15	操作不当扣 1～15 分	
3	布线	在配电盒上进行取电测试，并完成布线	15	操作不当扣 1～15 分	
4	安装	更换新灯	15	操作不当扣 1～15 分	
5	功能验证	改装完成，进行测试	15	操作不当扣 1～15 分	
6	安装	安装保险杠等附件	15	操作不当扣 1～15 分	
总分					

项目六　汽车电气系统改装

任务二　音响的改装

任务导入

王先生是一位私家车的车主,他非常喜欢重金属质感的音乐,他想在车上加装一款音响,但不知道应该如何改装。你能告诉王先生关于汽车音响改装的一些基本知识吗?

知识准备

一、车内隔声的改装

汽车隔声是根据车辆的性能、相应的路况、使用的条件,对汽车产生的发动机噪声、轮胎与路面振动产生的共鸣声、车厢内组件因间隙或老化产生的摩擦声等所做的处理,以提高汽车乘坐的舒适性。汽车越来越大众化,而人们对驾车的环境要求越来越高,所以做汽车隔声成了大众消费的一个趋势。常见的隔声材料包括隔声板、隔热棉、铝箔棉、隔声密封胶条和底盘装甲胶等(图 6-7)。

图 6-7　汽车常用隔声材料及工具

(1) 隔声的主要功能

1) 降低车内噪声。汽车隔声工程能将发动机的轰鸣声、车身的振动声、车轮的摩擦声等噪声有效地消除和隔挡,从而营造一个宁静的车内环境,提高乘坐的舒适性。施工后噪声可降低 7~8dB。

2) 改善音响效果。实施汽车隔声工程后,消除了车身金属的共振,同时有良好的吸声作用,使音响更加清晰、浑厚。

3) 降低车内温度。隔声工程不仅可隔声,而且还可隔热,能将发动机的高温隔挡在室外,从而使车内温度降低。

4) 延缓漆膜老化。发动机的高温容易使漆膜老化变色,实施隔声工程对汽车漆膜有极好的保护作用。

(2) 隔声的途径

1) 吸声。吸声是用特种被动式材料来改变声波的方向,以吸收其能量。合理地布置吸声材料,能有效降低声能的反射量,达到吸声降噪的作用。

2) 隔声。隔声是用某种隔声材料将声源与周围环境隔开,使其噪声不能直接传播到周围区域，从而达到控制噪声的目的。

3）减振。减振是在易产生振动的区域安装弹性材料或元件，隔绝或衰减振动的传播，从而实现减振降噪的目的。

4）密封。密封不仅能阻隔噪声的传播通道，避免气流分离，还可扰乱周期性的尾流，从根本上降低风噪。

(3) 汽车隔声处理的步骤　汽车隔声处理的步骤详见表6-4。

表6-4　隔声处理的步骤及图示

序号	操作步骤	图示
1	准备工作：将汽车铺上护罩，防止刮碰	
2	进行门板内层隔声处理	
3	进行底盘第一层隔声处理（减振板）	
4	进行底盘第二层隔声处理（隔声棉）	
5	行李舱隔声处理	

项目六　汽车电气系统改装

（续）

序号	操作步骤	图示
6	前翼子板隔声	
7	发动机舱盖隔声	

二、扬声器的改装

汽车扬声器（图6-8）俗称汽车喇叭，是音响系统中不可或缺的重要部件。所有的音乐都是通过汽车扬声器发出声音，供人们聆听、欣赏。作为将电能转变为"声能"的唯一部件，汽车扬声器的品质与特性，对整个音响系统的音质起着决定性作用。由于汽车的特殊性，无法在汽车内安装像家庭影院一样的通用的音箱，而是直接将各个汽车扬声器安装在汽车上。一辆高档汽车甚至可以安装十几个汽车扬声器。

要让汽车扬声器表现出极佳的音色与定位感，与家用音响相比，技术要求与困难程度都要高出许多。汽车扬声器的不利因素繁多而复杂，因为在汽车内部空间里，存在一些房屋内所没有的不利因素：窄小的空间，不规则的物体，复杂的环境（噪声、振动、车用材料等）以及汽车扬声器的安装位置（受汽车内外造型所

图6-8　汽车扬声器

限）；更重要的是聆听位置不佳，偏左、偏右两方；而且由于汽车扬声器的指向并非正面平均对称，导致了复杂的频率，相位差与波峰、波谷、驻波、反射性时差，混响时间过长（共鸣）等不利于聆听的问题。尽管如此，通过了解音响系统器材的属性、用途、类别、相容性以及汽车扬声器的特性，加上正确的安装经验与技巧，正确处理不同频宽汽车扬声器的安装位置，保持其良好的指向性，与相容的功率放大器作技术性调校，最终可获得良好的效果。

（1）汽车扬声器种类　汽车扬声器可以分为电动式扬声器、锥形扬声器、平板扬声器和球顶扬声器。

1）电动式扬声器（图6-9）：电动式扬声器实际上是一种电—力—声能量转换器。当音频信号电流流经扬声器的音圈时，音圈中音频电流产生的交变磁场与永久磁体产生的强恒磁场相互作用使音圈发生机械振动，即将电能转换成了机械能，而音圈的上下振动则带动振膜，使周围的空气出现相应振动，将机械能转换成声能。电动式扬声器具有结构简单、频响宽和失真小的特点，因

此在扬声器系统中应用最为广泛。

2）锥形扬声器（图6-10）：锥形扬声器是目前应用最广泛的一种扬声器。锥形扬声器根据锥盆形状的不同通常有圆形扬声器和椭圆形扬声器两种，椭圆形扬声器主要是为了适应电视机和缩小收音机体积的需要而设计制造的，目前在电视机和汽车音响中使用较多。锥形扬声器根据不同的使用频率范围可分为全频带扬声器、低频扬声器、中频扬声器和高频扬声器4种。

图 6-9　电动式扬声器　　　　图 6-10　锥形扬声器

3）平板扬声器（图6-11）：将锥形扬声器的锥形振膜展开成一个平面，使扬声器音圈直接推动一块平面振膜，这样可以使振膜推动更多的空气。为了消除锥形扬声器的这种前室效应，提高扬声器的转换效率，人们进行了各种尝试，用不同的平板材料取代扬声器锥盆，终于成功地研制生产出平板扬声器。扬声器的振膜必须要有良好的刚性，选择质量轻、刚性好的振膜材料是制作平板扬声器的关键。

4）球顶扬声器（图6-12）：球顶扬声器最大的优点是中、高频响应优异和指向性较宽，此外，它还有瞬态特性好、失真小和音质好等优点。

图 6-11　平板扬声器　　　　图 6-12　球顶扬声器

（2）扬声器改装注意事项　驾车外出途中，一边看着车外的美景一边欣赏音乐，被很多车主当成一种享受。可大多数车辆的音响效果不能满足要求，离发烧友们的要求差距更大。为此，很多车主会对车载音响进行改装。在扬声器改装中的注意事项如下。

1）数千元的产品即可满足需要。现在市面上的音响产品价位从2000元到20万元不等，汽车改装店有时会推荐一些价格贵的产品给车主，车主一定要根据自己的实际需要来选择音响。在音响店试音间里的效果，在车内是无法达到的。比如，一些低档车由于风噪、路噪、隔声和内饰材质的原因，导致音响效果不能完全体现，而只能达到某一个程度，因此只要买一款与车辆档次相匹配的音响就行了。

2）过了保修期再改。刚买新车后最好不要进行音响改装，等车辆的保修期过了以后再改。因为对于车主自己改装的电路所引起的问题，例如仪表的电路坏了，4S店是不负责保修的，这就等于车主自己放弃了保修的权利。

3）找专业店改。对于一些新型车，有的改装店可能从来未接触过，最好不要选择这样的店。

车主可以在改装中观察工人对自己车型的熟练程度,例如,有的工人在拆面板时就花了很长的时间,那么就可以判断他对这个车型不熟悉。

4)扬声器功率不要贪大。很多车主认为功率越大越好,这其实是不对的。其一,扬声器分为峰值功率和保真功率两种,一般产品标注的都只是峰值功率,这是扬声器能够达到的最大功率,但是一般这个最大功率平时是用不到的,即使开到那么大声,声音也无法保真;其二,音响功率如果超过了与车辆电器匹配的功率,会使车辆蓄电池长期处于亏电状态,影响蓄电池的使用寿命。

5)后排常坐人的车辆勿装低音炮。后排经常是老人或小孩乘坐,而低音炮等一般也放在后面,因此应该选择音响效果均衡一些的、以保真为主的产品,而不要选择那些低音很重、表现力很强、功率很大的音响产品。

(3)扬声器改装步骤 普通汽车上的原装扬声器都是单元扬声器,其结构简单,只能表现中频范围,表现为高音不亮、低音不厚,属于低档产品。很多人在购车后会给自己的爱车加装套装扬声器,套装扬声器由高音扬声器、中音扬声器、分频器等组成的,常用的有二分频和三分频两种,其优点是有利于声场的定位。扬声器改装的步骤详见表6-5。

表6-5 扬声器改装的步骤及图示

序号	操作步骤	图示
1	列配置清单	
2	准备:按照配置清单准备材料	
3	全车隔声处理	
4	安装中、低音部分	

（续）

序号	操作步骤	图示
5	安装高音部分。高音部分安装在原装的高音位	
6	制作线束，包括12V电源和搭铁线	
7	排线	
8	在座椅底下安装DSD播放器	
9	在座椅底下安装音频处理器	
10	改装完成	

项目六　汽车电气系统改装

1. 任务描述

车主诉求：一位 BMW 328Li 轿车的车主想对爱车的音响系统进行改装。

2. 任务目的

1）掌握音响系统改装的方法。

2）掌握拆装工具的使用方法。

3）能积极地参与任务，能与小组成员团结协作，能执行实训室 6S 规定。

3. 任务准备

1）知识准备：完成"任务二　音响的改装"的学习。

2）设备准备：组合工具、手套、抹布、演示课件（或操作视频）。

4. 任务步骤

1）老师演示或播放视频。

2）学生练习改装汽车音响（或老师演示时同步练习），并完成任务工单相应部分内容的填写。

5. 任务评价

序号	评价指标	评价内容	分值	评分标准	得分
1	准备	汽车音响改装施工前准备，车辆防护及工具准备	10	操作不当扣 1~10 分	
2	布线	电源线施工，正确连接蓄电池端导线，安装电源熔丝	15	操作不当扣 1~15 分	
		音频线施工，对音频线进行布线并做好减振工作	15	操作不当扣 1~15 分	
3	安装	主机安装并固定主机架	20	操作不当扣 1~20 分	
		扬声器安装，对 A 柱、车门进行改装	20	操作不当扣 1~20 分	
		功放安装及功放线连接。正确选择功放位置	20	操作不当扣 1~20 分	
总分					

任务三　安全装置的加装

李先生是一位私家车主，他十分注重汽车的行驶安全性，想通过一些外加电子设备来增加汽车的安全性能。请你根据所学的知识给李先生讲解一下汽车上可以加装哪些电子设备，都需要注意哪些事项。

一、汽车防盗装置的加装

随着科学技术日新月异的发展，为了能够对付不断变化的盗车手段，人们开发出各式各样的防盗器材。它们的工作原理是将防盗器连接到汽车电路上,从而达到防止汽车被盗,保护汽车不被损坏、盗窃的目的。

(1) 汽车防盗装置的种类

1) 机械式防盗系统。机械式防盗装置是比较常见的装置,它主要是利用简单的机械式原理锁住汽车上的某一机构,使其不能有效地发挥应有的作用,以达到防盗的目的。市场上常见的机械式防盗装置有防盗器、中控锁、排档锁、转向盘锁等。

2) 电子式防盗系统。由于机械锁具有只能防盗不能报警的问题,电子报警防盗器便应运而生。汽车电子防盗系统是建立在原有中央门锁的基础上,加设防盗系统的控制电路,在防止汽车不被移动的同时报警。电子防盗器是目前比较理想的防盗装置。当有行窃者盗窃汽车或者汽车上的物品时,电子防盗器不仅可以切断汽车上的各种电路,还可以将制动锁死,并且发出不同的声光信号进行报警,以达到在精神上阻止、惊吓偷窃者的目的,进而有效地阻止汽车偷盗行为。

3) 芯片式防盗系统。芯片式防盗系统又称为密码防盗系统。它是利用大规模集成电路芯片和单片机技术制成的车用微机防盗系统,其基本原理是用密码钥匙锁住汽车的电动机、电路和油路,保证在没有钥匙的情况下无法起动车辆。它不仅比电子防盗系统更有效地起到防盗作用,还具有其他先进之处:采用独特的射频识别技术(RFID),可以保证系统在任何情况下都能识别驾驶人,在车主接近或远离车辆时可自动识别其身份,自动打开或关闭车锁。无论车内还是车外,防盗系统总能够探测到电子钥匙的位置。

4) 网络式(GPS)防盗系统。该系统除了有防盗功能,还有车辆定位、反劫报警、遥控熄火、车内监听、抛锚救援、路况信息、人工导航、车辆查询等多种功能。它由卫星监控中心的中央控制系统、车辆上的移动 GPS 终端设备及 GSM 通信网络组成。当车辆遭到外界破坏性撞击时,车内报警系统将自动激活,报警信号通过 GSM 网络传送到监控中心,监控中心就会迅速采取处理措施并通知车主。该类系统的技术含量较高,由政府配合公安部门设立监控中心,车主每年需要向监控中心交纳不菲的费用,所以推广起来难度较大,目前仅少数发达国家在试用。

(2) 防盗器的安装步骤　现在路上的汽车越来越多,很多汽车车主都安装了防盗器。常见的防盗器有铁将军防盗器。铁将军防盗器是新一代的高科技汽车防盗产品,它不仅具有普通防盗器的全部功能,还有手机控制、远程报警等很多功能。其详细加装步骤见表6-6。

表6-6　铁将军防盗器加装步骤及图示

序号	操作步骤	图示
1	准备相关设备及工具	
2	根据相关说明进行线路连接	

项目六 汽车电气系统改装

（续）

序号	操作步骤	图示
3	将铁将军防盗器 6P 插接器中白线接入熔丝盒中 ACC 电源线	
4	将铁将军防盗器 6P 插接器中蓝线接入 4 个车门触发电路中（门灯），并用绝缘胶布粘在一起	
5	将铁将军防盗器 6P 插接器中橙色线接入行车制动电路中	
6	将铁将军防盗器 6P 插接器中红黑行李舱开启线及棕白色行李舱触发线引到行李舱里	
7	根据电路说明接中 6P 插接器，中 6P 为中控锁配线，主机的橙色线和橙黑色线不接，黄色线和黄黑线接地，白色线接左前门 8 根线里的灰色线，白黑线接左前门 8 根线里的棕色线	

序号	操作步骤	图示
8	根据电路说明接大 6P 插接器，黑色线是接地，行李舱红黑色线接左前门 15 根线里的红色线，红色线是主机电源线（12V），接在熔丝盒里驻车灯的 12V 上，粉红色线是喇叭线从前车门穿出，再套个塑料管增加绝缘，棕色线是左转向灯线，接左前门 15 根线里的紫色线，棕色线是右转向灯线，接方向机旁边白盒里的细白色线	
9	安装传感器，用双面胶粘在门边；安装 LED 警告灯，粘在风窗玻璃下面中控台上	
10	固定主机，安装在熔丝盒后面	

二、倒车雷达装置的加装

倒车雷达（图 6-13）是汽车驻车或者倒车时的安全辅助装置，能以声音或者更为直观的显示告知驾驶人周围障碍物的情况，解除了驾驶人驻车、倒车和起动车辆时前、后、左、右探视所引起的困扰，并帮助驾驶人扫除了视野死角和视线模糊的缺陷。通常在汽车的后保险杠或前后保险杠设置雷达侦测器，用以侦测前、后方的障碍物，帮助驾驶人"看到"前、后方的障碍物，或停车时与其他车的距离。此装置除了方便停车，更可以保护车身不受剐蹭。倒车雷达是以超音波感应器来侦测出离车最近的障碍物距离，并发出警笛声来警告驾驶人。当车辆的距离达到某一开始侦测的距离时，警笛声音开始以某一高频的警笛声鸣响，而当车行至更近的某一距离时，则警笛声改为连续的警笛声来告知驾驶人。倒车雷达的优点是驾驶人可以用听觉获得有关障碍物的信息，或与其他车的距离。倒车雷达系统主要是协助停车的，所以当达到或超过某一车速时系统功能将会关闭。

(1) 倒车雷达的主要功用

1）准确地测出车尾与最近障碍物间的距离。

2）倒车至极限距离时，能发出急促的警告声提醒驾驶人注意制动。

3）能重复发出语音警告声，提醒行人注意。

(2) 倒车雷达装置的组成

1）超声波传感器（图 6-14）：主要功能是发出和接收超声波信号，然后将信号输入到主机里面，通过显示设备显示出来。

项目六　汽车电气系统改装

图 6-13　倒车雷达

图 6-14　超声波传感器

2）控制器（图 6-15）：对信号进行处理，计算出车体与障碍物之间的距离及方位。

3）显示器或蜂鸣器（图 6-16）：当传感器探知汽车距离障碍物的距离达到危险距离时，系统会通过显示器和蜂鸣器发出警告声，提醒驾驶人。

图 6-15　控制器

图 6-16　显示器或蜂鸣器

(3) 倒车雷达加装的步骤　倒车雷达加装的步骤详见表 6-7。

表 6-7　倒车雷达加装的步骤及图示

序号	操作步骤	图示
1	测量尺寸，确定 4 个探头的位置	
2	钻孔。倒车雷达里面有提供打眼的钻头	

（续）

序号	操作步骤	图示
3	布线	
4	把行李舱右侧的小盒盖抠开，里面可以找到倒车灯的电路插头，倒车雷达的供电就是并联在这个倒车灯的线上	
5	安装雷达小屏幕	
6	安装完成	

三、汽车安全预警装置的加装

传统的安全理念很被动，例如安全带、安全气囊、保险杠等多是些被动的装置，并不能有效地解决交通事故的发生。随着科技的进步，新的汽车安全和防碰撞技术不断出现，如车道偏离警告、障碍物检测、自动紧急制动、盲点检测、行人检测、曲线测速预警、嗜睡警报和翻滚保护系

项目六 汽车电气系统改装

统等。通常所说的安全预警装置主要指的是汽车防撞预警装置（图6-17），主要用于协助驾驶人避免高速、低速追尾，高速中无意识偏离车道，与行人碰撞等重大交通事故。汽车防撞预警装置持续不断地检测车辆前方道路状况，可以识别、判断各种潜在的危险，并通过不同的声音和视觉提醒，帮助驾驶人避免或减缓碰撞事故。

(1) 汽车碰撞预警装置的功能

1）车距监测及预警：不间断地监测与前方车辆的距离，并根据与前方车辆的接近程度提供3种级别的车距监测警报。

图6-17 汽车防撞预警装置

2）汽车越线预警：在转向灯没有打开的情况下，车辆穿过各种车道线前约0.5s时，系统将发出越线警报。

3）前向碰撞预警：警示驾驶人与前方车辆即将发生碰撞。当本车辆按当前行驶速度与前方车辆的可能碰撞时间在2s内时，系统将发出声、光警告。

4）其他功能：限速警示、车道偏离预警、智能导航、休闲娱乐、智能远光灯控制、雷达预警（可选）、胎压监测（可选）、数字电视（可选）、倒车后视（可选）。

(2) 汽车碰撞预警装置的组成　汽车碰撞预警装置由信号采集系统、数据处理系统和执行机构组成，如图6-18所示。

1）信号采集系统：采用雷达、激光、声呐等技术自动测出本车速度、前车速度以及两车之间的距离。

2）数据处理系统：计算机芯片对两车距离以及两车的瞬时相对速度进行计算后，判断两车的安全距离。如果两车车距小于安全距离，数据处理系统就会发出指令。

图6-18 汽车碰撞预警装置的组成

3）执行机构：负责执行数据处理系统发来的指令，发出警告，提醒驾驶人制动。如果驾驶人没有执行指令，执行机构将采取措施，例如关闭车窗、调整座椅位置、锁死转向盘、自动制动等。

(3) 汽车防撞预警装置加装步骤　大多数汽车防撞预警装置的加装必须由专业人员进行，并且进行相关程序的编程，最后进行软件的调试。其加装步骤详见表6-8。

表6-8 汽车防撞预警装置加装步骤及图示

序号	操作步骤	图示
1	安装前准备工作： 1）检查车体及内饰是否有故障； 2）检查车辆机械性能（转向、前照灯、制动、速度、刮水器）； 3）保护内饰； 4）设计显示器和数据处理系统（主机）的位置； 5）清点产品部件	

（续）

序号	操作步骤	图示
2	产品线路的安装： 1）内饰拆卸； 2）查找相关信号线； 3）连接通信 CAN BUS 总线	
3	数据处理系统（主机）各部件与 PS3（接线盒）相连接	
4	试驾测试	

四、汽车"电子狗"的加装

汽车"电子狗"即安全驾驶提醒仪，它是一种车载装置，作用是提前提醒驾驶人车辆是否超速或违规，以防止因为超速或违规而被罚款和扣分，让驾驶人有防备地尽享驾驶乐趣。

合理地安装和使用电子狗是非常重要的。一般情况下，会有电子狗接收雷达/GPS 信号被阻挡而导致效果不明显，从而出现漏报或误报的情况，因此电子狗必须安放在正确的位置，这样才能发挥电子狗的最大作用。汽车电子狗加装步骤详见表 6-9。

表 6-9　汽车电子狗加装步骤及图示

序号	操作步骤	图示
1	安装电子狗支架	

(续)

序号	操作步骤	图示
2	粘贴3M胶	
3	将电子狗固定到窗前	
4	将电源线连接到点烟器上	
5	沿着车边隐藏布线	
6	接通电子狗电源线	
7	打开点烟器端的开关	

（续）

序号	操作步骤	图示
8	进行测试	

五、汽车 GPS 的加装

汽车导航系统（图 6-19）即车载 GPS 导航系统，其内置的 GPS 天线会接收到来自环绕地球的 24 颗 GPS 卫星中的至少 3 颗所传递的数据信息，结合储存在车载导航仪内的电子地图，确定汽车在电子地图中的准确位置，这就是平常所说的定位功能。在定位的基础上，可以通过多功能显示器提供最佳行车路线，前方路况以及最近的加油站、饭店、旅馆等信息。

(1) 功能

1）地图查询。可以在操作终端上搜索目的地的位置；可以记录常去地方的位置信息，并保留下来，也可以和别人共享这些位置信息；模糊的查询附近或某个位置附近的如加油站、宾馆、取款机等信息。

2）路线规划。GPS 导航系统会根据设定的起始点和目的地，自动规划一条路线。规划路线可以设定是否要经过某些途径点、是否避开高速等。

图 6-19 汽车导航系统

3）自动导航。语音导航：用语音提前向驾驶人提供路口转向、导航系统状况等行车信息，就像一个向导告诉驾驶人如何驾车去目的地一样。语音导航最重要的一个功能是使驾驶人无需观看操作终端，通过语音提示就可以安全到达目的地。画面导航：在操作终端上会显示地图，以及车辆当前的位置、行车速度、与目的地之间的距离、规划的路线提示、路口转向提示的行车信息。重新规划线路：当驾驶人没有按规划的路线行驶，或者走错路口时，GPS 导航系统会根据车辆当前的位置，为驾驶人重新规划一条新的到达目的地的路线。

(2) 汽车 GPS 加装步骤　汽车 GPS 加装步骤详见表 6-10。

表 6-10　汽车 GPS 加装步骤及图示

序号	操作步骤	图示
1	原车内饰	

项目六 汽车电气系统改装

（续）

序号	操作步骤	图示
2	准备待更换装置	
3	在安装导航之前将原车显示器等拆下来	
4	安装新导航线束	
5	进行通电测试	
6	安装完成	

六、汽车行车记录仪的加装

汽车行车记录仪（图6-20）又称为汽车工作信息记录仪、汽车安全信息记录仪，也有人将其形象地称为汽车电子警察。它能完整、准确地记录汽车行驶状态下的有关情况，能将汽车行驶轨迹完整地记录下来，并通过专用软件在计算机上再现。新一代汽车行车记录仪在功能、体积和性能方面已取得了较大的突破，它除了具有传统的行车记录仪所拥有的事故分析功能外，还能在汽车驾驶人超速行驶时发出超速警告。当有意外发生时，汽车行车记录仪内置的G-Sensor便会感应到紧急制动、突然加速、急速转弯或突然撞车等情况，记录发生意外前、后20s的情况。另外，汽车行车记录仪还可以记录语音、地点及速度等数据。

（1）汽车行车记录仪的功能

1）自检功能。行车记录仪通电后会对系统各部件及接口进行检测，自检通过后会有"嘀"一声响提示用户记录仪开始正常工作。

2）身份识别功能。驾驶人每次开车时使用U盘验证身份，记录仪分类保存每个驾驶人的行驶数据。

3）车辆行驶时间、速度、里程的记录及存储功能。行车记录仪可详实记录、存储车辆行驶的时间、速度及里程。

图6-20 汽车行车记录仪

4）超速报警及记录功能。当汽车超过预先设置的车速值时，行车记录仪会第一时间报警、提醒驾驶人，并记录下来。

5）超时驾驶（疲劳驾驶）报警及记录功能。驾驶人连续驾驶接近4h时，行车记录仪会发出声音提示，超过4h就开始记录。

6）事故疑点记录分析功能。行车记录仪会以0.2s间隔记录事故发生前20s车辆行驶速度、制动等信息。

7）显示打印功能。行车记录仪可通过液晶LCD显示和即时打印最近15min内每分钟的平均车速记录、超时驾驶（疲劳驾驶）记录、超速记录及车辆相关信息。

8）数据通信功能。可通过标准USB或串行接口采集记录仪数据、设置记录仪参数；车辆信息、驾驶人档案的管理功能。

9）存储视频、图像（选配摄像头、SD卡）。

（2）汽车行车记录仪加装的步骤 汽车行车记录仪加装的步骤详见表6-11。

表6-11 汽车行车记录仪加装的步骤及图示

序号	操作步骤	图示
1	准备相关设备及工具。现在的行车记录仪套装有行车记录仪、数据线、点烟器、防静电贴等，内存卡一般需要另行购买	

项目六　汽车电气系统改装　155

(续)

序号	操作步骤	图示
2	将防静电贴贴在后视镜位置处，以一般情况下不遮挡驾驶人视线为准	
3	数据线布线。可以从风窗玻璃上沿到 A 柱再到车窗边框，最后通过杂物箱缝隙连接到中控台上的点烟器	
4	调好摄像头位置	

七、车载对讲系统的加装

车载对讲系统（图 6-21）是安装于车内用于通信的工具。车载对讲系统带选呼功能，只要拨对方的 ID 号，就可以两个人单独通话。车载对讲机发射功率在 25W 以上，通话时没有辐射，不会对人体产生伤害。车载对讲系统的主要部件有外壳、主机、电池及皮带夹、天线、耳机等附属产品。车载对讲系统一般用于团体成员间的联络和指挥调度，以提高沟通效率和提高处理突发事件的快速反应能力。

图 6-21　车载对讲系统

车载对讲系统加装步骤详见表 6-12。

表 6-12 车载对讲系统加装步骤及图示

序号	操作步骤	图示
1	准备车载对讲系统全部配件	
2	将车载对讲系统供电接在蓄电池正极的熔丝上	
3	布线	
4	选择合适的位置安装主机	
5	安装天线	

项目六　汽车电气系统改装

（续）

序号	操作步骤	图示
6	将天线安装在主机上	
7	安装控制面板，驾驶室内布线接到控制面板上	
8	安装对讲机	

任务实施

1. 任务描述

车主诉求：一位丰田威驰轿车的车主想加装倒车雷达。

2. 任务目的

1）掌握倒车雷达的加装的方法。

2）掌握拆装工具的使用方法。

3）能积极地参与任务，能与小组成员团结协作，能执行实训室6S规定。

3. 任务准备

1）知识准备：完成"任务三　安全装置的加装"的学习。

2）设备准备：组合工具、手套、抹布、演示课件（或操作视频）。

4. 任务步骤

1）老师演示或播放视频。

2）学生练习安装倒车雷达（或老师演示时同步练习），并完成任务工单相应部分内容的填写。

5. 任务评价

序号	评价指标	评价内容	分值	评分标准	得分
1	测量	量准尺寸,确定4个探头的位置	10	操作不当扣1~10分	
2	钻孔	钻孔时注意孔距离、高度,防止钻错孔	20	操作不当扣1~20分	
3	布线	开始布线	15	操作不当扣1~15分	
		把行李舱右侧的小盒盖抠开,里面可以找到倒车灯的电路插头,倒车雷达的供电就是并联在这个倒车灯的线上	25	操作不当扣1~25分	
4	安装	安装主机	15	操作不当扣1~15分	
		安装显示器并连接电路	15	操作不当扣1~15分	
		总分			

项目七　汽车改装案例

 案例一　房车改装

为了满足长途旅行中生活和储物的需要，王先生自主购置设备并进行了房车改装。其改装步骤见表7-1。

表7-1　房车的改装步骤及图示

序号	操作步骤	图示
1	设计车内设备位置：左侧放置工具箱等，盖板放下可作为桌板，右侧洗菜台外侧放置充电线、加水管等，水盆下方可放置电磁炉等厨具	
2	购置所需设备	
3	安放地板、侧面支架（防热隔声、软包装）	

（续）

序号	操作步骤	图示
4	安装厨具、水槽、工具箱等	
5	安装隐藏式马桶，节约空间	
6	安装吊柜，增加储物空间	
7	安装折叠床	
8	安装冰箱	

项目七　汽车改装案例

（续）

序号	操作步骤	图示
9	安装车底水箱	
10	安装车内灯光系统及影音系统	
11	检查整体效果	

案例二　04 款宝来轿车改装

改装清单及效果图见表 7-2。

表 7-2　改装清单及效果图

序号	清单	效果图
1	轮圈 Rotiform DIA	

(续)

序号	清单	效果图
2	Airlift Performance 空气悬架系统	
3	3in Catless Magnaflow 排气	
4	6 档离合器	
5	OEM GLI 外观套件	

（续）

序号	清单	效果图
6	Notch 车身	
7	Seidel 格栅	
8	Retrofit 前照灯	
9	Hella Magic 尾灯	

（续）

序号	清单	效果图
10	棕色真皮 GLI Recaro 座椅	
11	Accuair Switchspeed 管理系统	

案例三 雷克萨斯 IS200 旅行版轿车改装

改装清单及效果图见表 7-3。

表 7-3 改装清单及效果图

序号	清单	效果图
1	18in 两片式锻造 SSR SP1 前 9J ET37，后 10J ET37	
2	轮胎：前 225/40，后 245/40	

项目七 汽车改装案例

（续）

序号	清单	效果图
3	定制 backspalsh 后扰流板	
4	发动机 1G-FE，2.0L 排量，功率为 155 马力，Torsen 差速锁和 W58 5 速变速器	
5	气动悬架	

案例四　本田雅阁 6 代轿车改装

改装清单及效果图见表 7-4。

表 7-4　改装清单及效果图

序号	清单	效果图
1	MAD 碳纤维尾翼	

（续）

序号	清单	效果图
2	18in XE 旋压轮毂 轮胎：前 215/40/18，后 225/40/18	
3	全车喷漆，白改蓝 包含门内侧框架	
4	台湾秀山前照灯总成	
5	前、后防撞梁	

项目七　汽车改装案例

（续）

序号	清单	效果图
6	全车内饰塑料件改色	
7	碳纤维门把手，四门中控锁+防盗系统	
8	碳纤维中控板，力爽SPE点火套装	
9	倒车影响+行车记录仪	

（续）

序号	清单	效果图
10	前、后防撞梁	

参考文献

[1] 宁德发. 汽车改装技术应用与实例 [M]. 北京：化学工业出版社，2017.
[2] 罗华，李云杰. 汽车美容与装饰 [M]. 2版. 北京：机械工业出版社，2020.